Albrecht Boguslawski

Neue Studien über die Schlacht bei Wörth

Im Anschluss an die letzten Veröffentlichungen über dieselbe

Albrecht Boguslawski

Neue Studien über die Schlacht bei Wörth
Im Anschluss an die letzten Veröffentlichungen über dieselbe

ISBN/EAN: 9783743420663

Hergestellt in Europa, USA, Kanada, Australien, Japan

Cover: Foto ©ninafisch / pixelio.de

Manufactured and distributed by brebook publishing software (www.brebook.com)

Albrecht Boguslawski

Neue Studien über die Schlacht bei Wörth

Neue Studien

über die

Schlacht bei Wörth

im Anschluß
an die letzten Veröffentlichungen über dieselbe.

Von

v. Boguslawski,
Generallieutenant z. D.

Berlin 1892.
Ernst Siegfried Mittler und Sohn
Königliche Hofbuchhandlung
Kochstraße 68—70.

schlußkraft, daß man diese Schlacht als eins der interessantesten und farbenreichsten Kriegsbilder betrachten muß, in welchem neben begangenen Fehlern große Charakterzüge, neben Mißverständnissen und Wirrsal Handlungen echter Feldherrnschaft zu Tage treten.

Man hat sich denn auch in letzter Zeit viel mit ihr beschäftigt, und gab die „Relation de la bataille de Fröschwiller" von einem sich nicht nennenden französischen Offizier den Anstoß dazu. Von den auf dieses Buch folgenden deutschen Veröffentlichungen sind besonders hervorzuheben: die Besprechung der „Relation" in Nr. 8 des Literaturblattes des Militär-Wochenblatts pro 1890, das höchst gehaltvolle und mit vortrefflicher Darstellungsgabe geschriebene Buch des Majors Kunz „Die Schlacht von Wörth", und der interessante Aufsatz des Majors Keim in Nr. 87, 88, 89 des Militär-Wochenblatts 1891, jetzt in Separatausgabe erschienen.

Man muß mit den beiden genannten Autoren ganz einverstanden sein, wenn sie ausführen, daß nun endlich die Zeit einer kritischen Geschichte der jetzt über zwanzig Jahre hinter uns liegenden Kriegsepoche gekommen ist.

Früher erschienene Werke, welche unsere Kriegs- und Gefechtsführung zu kritisiren versuchten, mußten sich aus bekannten Gründen auf eine wesentlich betrachtende Rolle beschränken, oder wenigstens ihre kritischen Bemerkungen stark abschwächen.

Es sprach ja Manches für einen solchen Gang der Dinge. Wir würden jedoch nicht aus unseren Kriegen den nöthigen wissenschaftlichen Nutzen ziehen, wenn wir nicht einer entschiedenen Kritik das Wort geben wollten. Hierzu ist es, wie Major Keim zu erwähnen für nöthig findet, nicht durchaus erforderlich, an den betreffenden Ereignissen theilgenommen zu haben. Dies kann für die Beurtheilung sehr oft nützlich, unter Umständen für Manchen — sogar schädlich sein. Denn oft wird das klare Urtheil durch Ueberschätzung der eigenen Thaten oder der des Truppentheils getrübt, oft das in subalterner

Stellung an einem Punkt Gesehene für allgemeine Erscheinung angenommen.

Wenn in dem alten Wort: La critique est aisée, mais l'art est difficile eine allgemein anerkannte Wahrheit steckt, so kann man mit großem Recht auch sagen: La critique est difficile. — Wir meinen hier die Kritik einsichtiger, gewissenhafter Soldaten von kriegs= wissenschaftlicher Bildung. Diese sind sich der Schwierig= keit voll bewußt ein Urtheil abzugeben, welches der Wissenschaft und der Kunst wirklich nützt. Die Reihe von Eigenschaften und Fähigkeiten aufzuzählen, welche eine gerechte und treffende Kritik begünstigen, kann ich mir hier ersparen, nur eine möchte ich hervorheben, das ist die Fähigkeit, sich in die Lage des Handelnden lebhaft hineindenken zu können und den besonderen Umständen Rechnung zu tragen, unter denen die Kriegs= handlung sich abspielte.

Wir sind überzeugt und können dies auch aus der abgegebenen Kritik in vielen Punkten erkennen, daß diese Momente den oben genannten Verfassern gegenwärtig waren, als sie ihre Veröffentlichungen niederschrieben. Die Stellung, welche sich beide in der Armee schon durch ihre Arbeiten errungen haben, ist dafür Bürge. — Dennoch aber habe ich und mit mir Andere die Nothwendig= keit gefühlt, zu untersuchen, ob die genannten Werke und Aufsätze überall ein vollgültig abschließendes Urtheil über die Schlacht bei Wörth, über das taktische Verhalten der Truppen und über die Gefechtsführung im Großen und Kleinen enthalten. Die Berechtigung, welche ich etwa für eine Meinungsäußerung dabei in Anspruch nehmen kann, wird aus Nachfolgendem hervorgehen.

Wir werden jetzt im Allgemeinen, glaube ich, die Klippe zu überwinden haben, in der Kritik nicht zu weit zu gehen, nachdem wir längere Zeit nicht im Stande waren, dieselbe im gehörigen Umfange auszuüben. Ganz ohne Rücksichten kann auch die strengste Kritik nicht geübt werden. Sie hat z. B. unbedingt Rücksicht auf die äußere Lage des Staates zu nehmen.

Die Relation de la Bataille de Froeschwiller ist ein in mancher Beziehung werthvolles Buch. Klar und übersichtlich geschrieben, bringt es interessante Einzelheiten und Aufschlüsse, genauere Nachrichten über die Vertheilung der Französischen Truppen und deren Eingreifen — soweit diese nicht bereits durch das Buch von Chalus über die Schlacht geliefert sind — auch einige gute Betrachtungen über Taktik, Führung und den inneren Werth der Truppen. Letzteres ist seit einiger Zeit immer ganz besonders hintangesetzt worden, sei es, daß man die Wichtigkeit einer genaueren Berührung dieses Gegenstandes nicht genug würdigte, sei es, daß man sich scheute, vielleicht da und dort Vorgänge zu betrachten, welche den einen Truppentheil gegen den anderen hätten zurückstehen lassen.

Leider aber müssen wir sofort vorweg hinzufügen, daß die Relation in der ausgesprochenen Absicht geschrieben ist, diese Schlacht als einen wahrhaft moralischen Sieg Französischer Tapferkeit gegen das rohe Uebergewicht der Zahl hinzustellen, dabei zu zeigen, daß die Schlachtenkunst der Deutschen eigentlich auf einer sehr niedrigen Stufe stand, und daß im Uebrigen die Französischen Truppen sich den Deutschen überlegen zeigten.

Das Buch des Majors Kunz hat mich schon der Mühe überhoben, mein Urtheil hierin genauer begründen zu müssen, und kann ich auf dasselbe in vielen Punkten einfach verweisen. In welchem Geiste die Relation geschrieben ist, davon vorläufig eine Probe für viele. Man liest Seite 247: „Es scheint, daß die Verwirrung und der Mangel an Klarheit dem Deutschen Geiste ebenso eigenthümlich sind wie dem Französischen die Einfachheit, die Einheitlichkeit, die Klarheit."

Meine Untersuchungen sollen sich hauptsächlich auf zwei Punkte erstrecken.

1. Auf die Beurtheilung der Kampfweise der Truppen, der Einwirkung der Waffen und der niederen Führung, wie sie in den genannten Veröffentlichungen erfolgt ist.

2. Auf die Beurtheilung der höheren Führung durch dieselben.

Zuvor jedoch seien einige Worte über den Zustand und den inneren Werth der dort thätig gewesenen Armeen gestattet.

I.

Ueber den Werth und die Eigenschaften der Heere.

Die Eigenschaften der großen Nationen bezw. der Racen Europas sind verschieden, aber sie gleichen sich in Bezug auf ihren militärischen Werth im Durchschnitt aus, so daß man nicht behaupten kann, die eine Armee würde die andere nur durch ein höheres Maß kriegerischer Eigenschaften besiegen können. Wollte man z. B. den Franzosen einen größeren Ungestüm beim Angriff zugestehen, so könnte man dem die größere Zähigkeit der Deutschen im Heranringen, die Standhaftigkeit im Ertragen von Unglücksfällen, schärfere Mannszucht —, der Genügsamkeit des Südländers, die größere Körperkraft und Abhärtung des Nordländers entgegenstellen. Die Verschiedenheit des Werthes der Truppen beruht vielmehr hauptsächlich auf ihrer Organisation, ihrer Zusammensetzung, ihrer Mannszucht, ihren Ueberlieferungen, dem gerechten Stolz auf ihre Waffenehre und endlich auf der Begeisterung für die Sache. — Erhöht wird der Werth einer Truppe durch ihre Kriegserfahrung. Es ist sonderbar, daß in den letzten Jahrzehnten sich hin und wieder an der Bedeutung derselben Zweifel erheben konnten. Bei Betrachtung dieses Gegenstandes kommt es in erster Linie darauf an, ob die Kriegserfahrung eine wirkliche war. Eine solche kann nur im Kampfe mit einem ebenbürtigen Gegner erworben werden. Man hat behauptet, eine junge Truppe, die noch kein Feuer ausgehalten, ginge am allerbesten ins Gefecht. Solche Erfahrungen hat man allerdings, z. B. die Konstribirten Napoleons I. und unsere Freiwilligen bei Großgörschen. Aber wie verhält es sich beim plötzlichen

Eintritt großer Verluste, bedenklicher Rückschläge? Hier ist der Moment, wo die kriegserfahrene Truppe ihr unbedingtes Uebergewicht entfalten wird, da die Einzelnen wissen, daß diese Krisen sehr oft durch Standhaftigkeit und Entschlußkraft überwunden werden können. Man lese die Schilderungen von dem Verhalten der Grenadiere Friedrichs und der alten Garde Napoleons I. bei den bewährtesten Militärschriftstellern, um zu erkennen, was von einer solchen Truppe erwartet werden kann.

Die Begeisterung für die Sache kann oft über gewisse Mängel in der Truppe hinweghelfen, dieselbe ist jedoch nicht stets in gleichem Grade vorhanden, aber selbst wenn man dies in unserer Zeit des hoch gesteigerten Nationalgefühls annehmen will, bleibt sie nicht in allen Stadien des Krieges, angesichts der Mühseligkeiten aller Art, Rückschläge und Wettereinflüsse auf derselben Höhe. — Der Zustand, in dem sich die Armeen des zweiten Kaiserreichs und Deutschlands 1870 gegenübertraten, ist so oft geschildert worden, daß es nicht nöthig erscheint, denselben hier abermals darzulegen. Nur über die bei Wörth kämpfenden Armeen seien einige Worte im Besonderen gestattet. Die Armee des Marschalls Mac Mahon zählte in ihren Reihen die berühmten Afrikanischen Regimenter, welche hauptsächlich stets genannt wurden, wenn man von der Armee des zweiten Kaiserreichs sprach, und welche sich ihrerseits als Elitetruppe viel höher stellten als die Kaisergarde. Man pries sie hauptsächlich als Helden des Angriffs, ihre Sturmanläufe bei Inkerman, Palestro, Magenta und Solferino waren in Aller Munde, sie bewiesen aber bei Wörth, daß sie auch in der Vertheidigung wie wahre Veteranen zu fechten verstanden.

Sie gaben durch ihre Gegenstöße der Kampfweise der Franzosen hauptsächlich ihren Charakter. Auch die anderen Truppen waren vom besten Geist und Waffenstolz beseelt. Alle hatten Vertrauen zu dem siegreichen Führer, dem Herzog von Magenta.

Die III. Armee bestand aus Truppen verschiedener Deutscher Staaten, welche vor vier Jahren noch gegen einander im Kriege gewesen waren. Das V. Armeekorps war das einzige Altpreußische Korps in dieser Armee. Die Mannschaften hatten den Stolz der Ueberlieferung, welche die allgemeine Wehrpflicht seit 60 Jahren auch dem gemeinen Mann in Preußen verliehen hatte, auf ihre Fahne und ihre Nummer; die Truppen hatten sich 1866 bei Nachod, Skalitz, Schweinschädel, Königgrätz durch glänzende Waffenthaten bewährt, die eingezogenen Landwehr- und Reserveoffiziere hatten eine sehr lange Zeit unter den Fahnen zugebracht und besaßen eine außergewöhnliche Erfahrung. Sie waren während der Errichtung der neuen Regimenter 1860, zum Theil während der polnischen Insurrektion 1863 und während des Feldzuges 1864, endlich im Kriege gegen Oesterreich 1866 sehr lange eingezogen gewesen und hatten bei ihren Truppentheilen ihre Sporen verdient.

Das XI. Preußische Korps war ein neues Korps. Die Regimenter waren 1866 neu gebildet worden, die Reserven theilweise mangelhaft oder gar nicht nach Preußischem Reglement geübt. Die Bayern und die Württembergischen Truppen hatten nach 1866 eine neue Organisation erhalten. Es fehlte ihnen wie den Hessen die Ueberlieferung der allgemeinen Wehrpflicht in den Mannschaften, wie sie beim V. Korps, wo die Väter und Großväter schon zum Theil bei denselben Regimentern gestanden hatten, herrschte. Sie hatten nur das Bewußtsein der so oft bewährten Tapferkeit ihrer Stämme. — Das mächtig erwachte Einheitsgefühl und die nationale Begeisterung aber waren das Band, welches diese Armee unter ihrem berühmten Führer, dem Entscheider der Schlacht bei Königgrätz, zusammenhielt und welches die oben berührten Verschiedenheiten in diesem Stadium des Krieges ausglich, soweit dies möglich war. Alle diese Verhältnisse setzt Major Kunz in seinem Buch sehr treffend auseinander. Man kann nicht umhin, das V. Korps als den festen Kern dieser Armee anzuerkennen. Anschließend hieran gehen wir sogleich zur Beleuchtung der Behauptung der Relation über, daß bei Wörth der verschiedene Werth der Deutschen Truppen auffallend in ihrem Verhalten im Gefecht hervorgetreten sei. — Es kann nicht in Abrede gestellt werden, daß einzelne Truppentheile die Gegenstöße der Franzosen besser ausgehalten haben als andere. Diese Dinge hängen aber nicht allein von der verschiedenen Qualität der Truppen im taktischen Zusammenhalt, Waffenstolz und Disziplin, sondern oftmals von Zufälligkeiten ab, denen momentan die größte Tapferkeit erliegt. Der Verfasser zieht Vergleiche im Angriffsgefecht der Bayern, des XI. und V. Preußischen Korps, folgert aus den Verlusten des letzteren, daß die Angriffe dieses Korps in ganz anderer, ausdauernder, hartnäckiger Weise geführt worden seien als z. B. die der Bayern. Das Gelingen mehrerer Gegenstöße der Franzosen gegen die Truppen des XI. Korps giebt ihm zu ähnlichen Betrachtungen Veranlassung. Seine Angaben hinsichtlich der Verluste sind allerdings richtig. Es haben z. B. mehrere Regimenter des V. Korps, so das 6., 46., 37. und 50., sämmtlich der 10. Division angehörig, jedes einzelne mehr verloren als das I. und II. Bayerische Korps jedes für sich. Ebenso betrugen die Verluste des V. Korps das Doppelte derjenigen des XI. Korps.

Die Lobeserhebungen, welche die Relation den Truppen des V. Korps, insbesondere den zuerst angreifenden, spendet, können wir uns wohl gefallen lassen. Man liest z. B. Seite 69 und 70: „Diese Truppen thaten Alles, was man von braven Leuten erwarten kann . . . ." und Seite 275: „Die Deutschen werden niemals mehr leisten als an jenem Tage. Sie werden niemals bessere Regimenter haben, als die, welche bei Wörth Verluste von 1000 Mann, wie das 46. und die 6. Grenadiere, von 900, wie das 50., ertrugen und trotzdem im Verlauf von vier Stunden ihre Angriffe immer wieder erneuerten."

Nachdem nun die Relation mehrfach das angebliche Verhalten der Bayern und des XI. Korps hierzu in Gegensatz gestellt hat, gelangt sie dazu, Seite 237 den Bayern eine Ehrenerklärung zu geben. Dieses achtungswerthe und einsichtige Volk (peuple estimable et intelligent) hat nämlich deshalb bei Wörth so lau gekämpft, weil es sich für Preußen schlug. Bayern, sagt der Verfasser, war stets der Feind der herrschenden Macht und daher stets der Verbündete Frankreichs unter Louis XIV. wie unter Napoleon I. „Nur die kindische Politik seiner letzten Könige hat ein so weises Verhalten ändern und Bayern zu den Füßen Preußens werfen können. Kann es eine stärkere Probe von dem Wahnsinn dieser Könige geben, als derartig ihre Krone dem Fremden (sic!) zu überliefern und mit eigenen Händen die Knechtschaft ihres Landes herbeizuführen?"

Man sagt zwar so häufig: nichts gelernt und nichts vergessen, aber es ist doch wunderbar, daß die Franzosen auch gerade in diesem Punkte so gar nichts lernen. Nachdem Napoleon III. seinen Feldzugsplan auf die falsche Voraussetzung des Abfalls der Süddeutschen von der gemeinsamen Sache gebaut hatte, sollte man doch meinen, daß die Wahnvorstellung von den Verhältnissen in Deutschland endlich verschwunden wäre. Aber es giebt einzelne fixe Ideen, die nun dort drüben nicht auszurotten sind.

Die Verluste des XI. Korps und der Bayern waren deshalb so viel geringer als die des V. Korps, weil sie zum großen Theil im bedeckten Gelände vorgingen, beim XI. Korps kam noch hinzu, daß im Kampfe gegen die Division Lartigue sich bald eine große Ueberlegenheit geltend machte.

Die 4. Bayerische Division konnte in dem waldigen Gelände, in welchem sie vorging, nicht wohl von ihrer Artillerie unterstützt werden und sah sich außer Stande, gegen die ihr gegenüberstehenden überlegenen Kräfte der Franzosen, deren Artillerie von Fröschwiller aus sehr gute Wirkung hatte, etwas Entscheidendes zu unternehmen. Der Kampf ging vielmehr in ein stehendes Feuergefecht über und wurde infolge des an das Bayerische Generalkommando gelangten Befehls bald abgebrochen. Daß hierbei die Verluste der guten Deckungen wegen, welche beide Parteien einnahmen — die Bayern größtentheils an dem Saume des Holzes von Langensulzbach (oder Nehwiller Holz), die Franzosen im Walde von Fröschwiller und an den Höhen nördlich dieses Ortes — nicht sehr große sein konnten, ist augenscheinlich.

Wenn die Angriffe der 1. Bayerischen Division (I. Korps) anfangs zurückgeschlagen wurden, so gereicht dies derselben nicht zur Unehre. Dies geschah auch anderwärts. Die kurze Dauer des Kampfes erklärt die geringeren Verluste.

Das V. Korps dagegen griff, und zwar bruchstückweise, in dem verhältnißmäßig unbedecktesten Theil des Schlachtfeldes in der Front an. Wir sagen verhältnißmäßig unbedeckt, denn ein großer Theil des Schlachtfeldes enthielt hier Hopfenpflanzungen und Weinberge, welche die Bewegung freilich erschwerten, aber höchstens Deckungen gegen Sicht, nicht gegen den Schuß, abgaben, wie sie in den Wäldern zu finden sind.

Der Frontalkampf des V. Korps war ein sehr langer. Er dauerte von 10 Uhr Morgens bis zum Erlöschen der Schlacht, also 7 gute Stunden, wobei die Kämpfe des II/50. des II/37. am Morgen und der Artillerie noch gar nicht gerechnet sind.

Major Kunz hebt ebenfalls mit Recht die Leistungen der Truppen des V. Korps an diesem Tage hervor. Das V. Korps leistete bei Wörth das, was man von einer alten, berühmten, kriegserfahrenen Truppe fordern kann, und zwar nach dem oben angeführten Zeugniß des Feindes selbst. — Man kann aber, wie wir oben gezeigt haben, unter keinen Umständen behaupten, daß sich ein Unterschied oder eine Abstufung in der Tapferkeit bei den verschiedenen Korps gezeigt hätte. Dies wäre eine Ungeheuerlichkeit, denn alle Deutschen Stämme haben von jeher, gut geführt und organisirt, dieselben kriegerischen Eigenschaften bewiesen. — Wohl aber kann man sagen, daß sich in einzelnen Momenten dieser ersten Zusammentreffen mit dem Feinde ein größerer Halt in den alten Preußischen Truppen als in den neu formirten gezeigt habe, und daß bei den Bayern der Mangel einer festen Durchbildung da und dort zu Tage trat. — Diese Dinge zu erwähnen, ist für das Studium der Kriegsgeschichte eben so wichtig wie die Betrachtung der Form und der höheren und niederen Führung.

Wenn man einen Blick vorwärts wirft in den weiteren Verlauf des Krieges, wird man die Richtigkeit der Behauptung anerkennen müssen, daß die Kriegserfahrung den moralischen Werth der Truppen gewaltig steigert — selbst vereinzelte Niederlagen sind davon nicht ausgeschlossen. Diese, auch ungeheure und andauernde Strapazen sind freilich im Stande, ein zeitweises Fallen in der Stimmung zu veranlassen, im Allgemeinen steigt aber der moralische Werth der Truppe.

Wer an die unvergeßlichen Leistungen des I. Bayerischen Korps bei Sedan und vor Allem an der Loire und an die der Division Wittich denkt, wird mir beipflichten. Rückschläge wie die der Avantgarde des XI. Korps bei Wörth sind dort nicht zu verzeichnen.

II.
Das taktische Verhalten der Truppe und die niedere Führung.

Die Kritik im Beiheft Nr. 8, 1890 und der Aufsatz von Keim Nr. 87, 88, 89 des Militär-Wochenblatts 1891, auch das Buch von Kunz fällen das Urtheil, gerade bei Wörth habe sich die mangelhafte Gefechtsausbildung und die Ungeschicklichkeit der Truppen im zerstreuten Gefecht auf das Auffallendste gezeigt. Die Kritik Nr. 8

behauptet insbesondere, „daß namentlich in den taktischen Leistungen des V. Korps die theilweise mangelhafte Gefechtsausbildung der Infanterie sich bitter und blutig gerächt habe". Daß die Gefechtsleitung im Großen und Kleinen viele Mängel zeigte, soll weiter unten erörtert werden, daß die Gefechtsausbildung der Truppe, und nun gar die beim V. Armeekorps, als besonders mangelhaft zu bezeichnen sei, wird entschieden bestritten. Sie hatte eben die Mängel, wie sie alle Truppentheile des Deutschen Heeres mehr oder weniger hatten, d. h. die Truppe war zwiespältig ausgebildet: in unbrauchbaren Formen auf dem Exerzirplatz, — nach dem System Walderfee ganz praktisch und gut im Gelände. So wenigstens war es bei dem besonders durch die Kritik angegriffenen V. Armeekorps. Die Bodenbenutzung war durchaus gut, die Feuerleitung, von der eine Wissenschaft, wie sie wir jetzt haben, noch nicht existirte, mangelhaft, was im Uebrigen bei Wörth in den eigenthümlichen dortigen Gefechtsverhältnissen ganz gleichgültig gewesen wäre.

Wären diese Behauptungen von dem taktischen Ungeschick richtig, so müßten doch zu allererst die Formen unrichtig gewesen sein. Die Relation sagt aber S. 71 von den Angriffen der 20. Brigade: „Man kann den Preußen nicht einmal den Vorwurf machen, den man bei Saint-Privat ihren tiefen Massen machte. Der Angriff geschah in Kompagniekolonnen. Es war eine richtige aufgelöste Form, véritable ordre dispersé."

Fügen wir hier hinzu, daß die Infanterie des V. Korps an diesem Tage überhaupt in geschlossenen Abtheilungen fast gar nicht auftrat, daß sie schon durch die Eigenthümlichkeiten des Geländes sich sofort in Schwärmen zu fechten genöthigt sah, so versteht man jene kritischen Meinungsäußerungen um so weniger.

Die angewandten Formen waren durchaus angemessen; die Verhältnisse waren derart, daß sie kaum falsch sein konnten, denn wenn man von Gunstett bis Goersdorf nur die Brücke bei Gunstett zur Verfügung hatte, an allen anderen Punkten auf Hopfenstangen und Brettern über die Sauer balanciren mußte, so gelangte man schon ganz von selbst in aufgelöster Ordnung an den Feind. Diese wurde aber, soweit ich die Dinge mit ansah, oder selbst handelte, und soweit meine sehr eingehenden Studien über diese Schlacht reichen, auch bewußt angenommen. Vor allen Dingen muß man doch bei Beurtheilung einer Kriegshandlung die Verhältnisse des Geländes und beim Feinde genau in Betracht ziehen. — Die Relation entwickelt allerdings über die Bodenverhältnisse so eigenthümliche Ansichten, S. 21, 22, daß sie sogar zu dem Schlusse kommt, die Sauer hätte den Angriff begünstigt; ein solcher Uebergang sei überhaupt eine Kleinigkeit, wenn eine gute Artillerie ihn deckte. Das mag sein, wenn man den Wasserlauf bequem und überall durchwaten kann. Die Sauer war aber ein heftig strömender, hoch angeschwollener Gebirgsfluß, in dem an jenem Tage zwischen Wörth und Spachbach zahlreiche Mannschaften ertranken. Im Geschütz- und Gewehrfeuer, wie geschildert, über die Sauer gehend, hatten die zuerst zwischen Spachbach und Wörth übergegangenen Abtheilungen das instinktive Bedürfniß, vor Allem die freie Wiese von 600 bis 800 Schritt, welche das Sauerthal bildet, schnell zu passiren und am Fuß des Thalrandes einige Deckung zu gewinnen, sodann Raum für die hinter ihnen kommenden Abtheilungen zu schaffen. Dabei geriethen nun manche zu weit vorwärts, andere versuchten sogar, sofort den Höhenrand zu gewinnen, wie z. B. die 1. Kompagnie Nr. 50.

Ich will nur hier darlegen, daß man bei so außergewöhnlichen Verhältnissen nicht den gewöhnlichen kritischen Maßstab anlegen kann. Von einem Ansetzen regelmäßiger Angriffe konnte hier nicht die Rede sein, wenigstens nicht unter den zuerst übergegangenen Truppen.

Sobald man die Sauer überschritten, und dies gilt von Gunstett bis Wörth, lag man sich mit dem Feinde derart in den Haaren, daß man sich eben sofort schlagen mußte. Da keine Brücken vorhanden, waren alle höheren Offiziere ebenfalls zu Fuß. Wie sollten dieselben eine große Einwirkung auf den Gang des Gefechts ausüben? Die niedere Führung trat hier voll ein und mußte für die höhere eintreten.

Dies wird in erster Linie immer in gewissem Grade der Fall sein, hier aber waren die Verhältnisse so eigenthümlich, daß dies Eintreten — zum Mindesten in den vordersten Linien — sogar das normale Verhältniß zu nennen ist.

Falls die oben genannten Veröffentlichungen ihr tadelndes Urtheil über einige Vorgänge bei Weißenburg abgegeben hätten, so würde ich voll beistimmen. Das Vorgehen des I./58 gegen den Bahnhof, ehe es noch in Kompagniekolonnen auseinandergezogen war, der Sturm des Königsgrenadier-Regiments auf Schloß Geisberg in geschlossenen Kolonnen — ein Objekt, welches man in diesem Zeitpunkt durch Geschützfeuer binnen einer halben Stunde zur Uebergabe gezwungen hätte, das waren taktische Fehler — aber man hatte auch von ihnen gelernt.

Die Forderungen der Gefechtsausbildung: große Schützenschwärme, gute Bodenbenutzung, sind bei Wörth also als erfüllt anzunehmen. Sollte nun die Feuertaktik eine andere sein? Nun, ich glaube, es wurde bei Wörth die einzig richtige angewendet, nämlich die des nahen Herangehens an den Feind und Gebrauch des Gewehrs auf kurze Entfernungen. Wenn ich dieselbe prinzipiell auch immer für richtig halte, so war sie es ganz besonders bei Wörth. Was sollte denn anders geschehen? Sollten wir etwa vom östlichen Ufer oder von der deckungslosen Wiese aus ein Feuergefecht führen? Eine Weitschußtaktik hätte gar nichts ausgerichtet, ja sie wäre hier von den allerübelsten Folgen gewesen, und da solche Verhältnisse sich mit oder ohne Schuld der höheren Führung immer einmal wiederholen können, so ist dieser Fall auch hierin für die Zukunft belehrend. —

Wir mußten heran, und nachdem wir heran waren, standen wir eben dem Feinde auf 200 bis 300 Schritt gegenüber.

Ob nun unsere jetzige Schießausbildung und Feuerleitung so große Vorzüge in Zukunft haben wird, daß sie der Kriegserfahrung und dem Selbstbewußtsein der 1870 ins Feld rückenden alten Truppen gegenüber ins Gewicht fallen kann, erscheint recht zweifelhaft. Deutschland wird nie bessere Truppen haben als die Kämpfer von 1866, die 1870 voll Zuversicht dem Feinde gegenübertraten. Wenn nun aber die Form und die Feuertaktik richtig waren, so sind die Hauptvorwürfe, welche man der Gefechtsausbildung der Truppe, insonderheit dem V. Armeekorps, gemacht, hinfällig. Eins bleibt anzuerkennen, wir waren nicht genug geübt, in großen Schwärmen zu fechten. Aber wo war dies überhaupt der Fall? Kann man deshalb der Gefechtsausbildung jener Truppen einen Vorwurf machen? Doch wohl kaum gerechterweise.

Die alte Forderung, welche Major Keim jetzt immer mit großem Recht wiederholt, sofort eine genügende Schützenentwicklung und somit Feuerkraft eintreten zu lassen, war, wenigstens soweit meine Kenntniß durch persönliche Erfahrung und Studium dieser Schlacht reicht, gerade hier erfüllt.

Ich sah im heftigen Gefecht nur drei Kompagnien verschiedener Regimenter bei Elsaßhausen geschlossen und ein Württembergisches Bataillon im letzten Moment der Schlacht, sonst nur Schützenschwärme. Daß die Leitung dieser so sehr erschwert war, ergab sich aus den oben schon berührten schwierigen Bodenverhältnissen und sodann allerdings aus der unten zu behandelnden Verwendung der größeren Truppenkörper.

Es hätte im Uebrigen gar nichts geschadet, wenn die Truppen in den Wäldern geschlossener vorgeführt worden wären. Ist man einmal im Innern des Waldes, stehen der kleine geschlossene Haufen und das Bajonett höher als die lange Schützenlinie, die den Führern mehr und mehr aus der Hand kommen muß. Wald= und Nachtgefechte vertragen noch geschlossene Formen. Gerade Wörth beweist, wie große Wirkungen man noch durch das Bajonett erzielen kann. In solchen oder ähnlichen Bodenverhältnissen wird dasselbe immer eine Rolle spielen. Es giebt Fälle, wo von einer Feuervorbereitung und Entscheidung durch dieselbe nicht gesprochen werden kann, weil der Moment zu schnell verläuft und nur im schnellen Entschluß das Heil liegt. Der Krieg ist eben zu vielseitig, und wer in solchen Momenten mit dem Reglement in der Tasche erst die Feuerüberlegenheit herbeiführen wollte, ehe er vorstößt, würde sich über das thatsächliche „Gefechts= bild" recht wundern. — Wir müssen aber noch einen anderen Mangel in der Gefechtsausbildung aller Truppen, der aber, wie Kunz Seite 42 und 43 hervorhebt, gerade bei der 4. Bayerischen Division an jenem Tage besonders hervortrat, zugestehen. Das ist die Fähigkeit, sich in Gefechtspausen schnell zu sammeln und herzustellen. Wir können hoffen, daß wir uns hierin verbessert haben. Wenn man annehmen kann, daß die 4. Bayerische Division etwa um 11 $^1\!/_2$ Uhr aus dem Feuer zurück und gesammelt war, so ist kein Grund ersichtlich, warum sie nicht, wenn das Sammeln schnell geschah, wieder um 3 Uhr Nach= mittags eingesetzt wurde. Mit Ausnahme einiger liegen= gebliebenen Abtheilungen wurden aber nur die nicht ins Feuer gekommenen Bataillone vorgeschickt, deren Vorgehen kein Ergebniß haben konnte.

Wir wollen uns, ehe wir nunmehr die höhere Führung betrachten, gegen den Mißbrauch eines Satzes wenden, den man keineswegs als ein Axiom, wie es oft geschieht, betrachten kann. Die Relation und die „Schlacht bei Wörth" von Kunz stellen ihn beide als richtig hin. Es ist der Satz: daß der Franzose in natürlicher Anlage für Bodenbenutzung und Schützengefecht dem Deutschen absolut überlegen sei. Die Kritik in Nr. 8 der Militär= Literatur=Zeitung macht sich denn auch denselben zu eigen und führt weiter aus, daß die Ansicht des Französischen

Autors, die Deutschen Führer hätten deshalb ihre Truppen geschlossen vorgeführt, — womit er übrigens einigermaßen in Widerspruch mit seiner oben erwähnten Aeußerung tritt — weil die Mannschaft zu ungewandt im Schützengefecht gewesen, nicht ganz unbegründet sei. Dies würde man jetzt beseitigen, oder man habe es schon beseitigt. Es seien dies „tempi passati".

Dem gegenüber muß ich bemerken, daß ich in den von mir mitgemachten Gefechten, insbesondere in der Schlacht bei Wörth, niemals eine größere Findigkeit der Franzosen als die der Deutschen zu bemerken im Stande war. Mir scheint die Sache so zu liegen: Der Franzose ist allerdings ein behender Mann, dem militärisches Geschick eigen. Er führte zuerst wieder das Schützengefecht ein und gewann darin Ruf. Die Unterschiede im Wesen und in Eigenart der Franzosen sind nun in den verschiedenen Gegenden Frankreichs weit geringere als sie zwischen den Deutschen Stämmen zu finden sind. Das Phlegma des Holsteiners und Pommern unterscheidet dieselben z. B. stark von dem Rheinländer, dem Thüringer, dem Brandenburger. Aehnlich steht es zwischen dem Altbayern und dem Badenser. Man hält nun in der Regel den Typus des Niedersachsen im Auslande für den des Deutschen und macht sich von uns ein falsches Bild. Der Niedersächsische Stamm ist neben seinen vortrefflichen Eigenschaften etwas langsamer als die anderen. Ich will daher zugeben, daß eine Französische Schützenlinie sich ein wenig schneller einnisten wird als eine Westfälische. Es ist aber ein Irrthum, zu glauben, daß der Deutsche Soldat deshalb weniger Geschick für die Benutzung des Geländes hätte. Zudem ist der Deutsche im Schießen dem Franzosen wegen seiner größeren Ruhe von jeher überlegen gewesen, und dies gehört doch gewiß auch zum Tirailleur. Wir halten also den oft wiederholten Satz von der größeren Gewandtheit des Franzosen in diesem Punkte für eine Legende, wie so manche andere nicht nur von der Menge, sondern auch von den Männern der Wissenschaft schließlich geglaubt und angenommen worden ist. Man drille nur den Rekruten nicht erst steif, sondern bilde ihn genau so aus, wie es unser jetziges Reglement fordert, so wird man sehen, wie schnell er im zerstreuten Gefecht gewandt sein kann. Wenn aber die Bodenbenutzung gleich war, und die Franzosen damals von Feuerdisziplin und Feuerleitung nicht einen Schimmer besaßen, wo soll da die große Ueberlegenheit des Französischen Soldaten im Schützengefecht herkommen?

Keim hebt in seinem Aufsatz in Nr. 87 bis 89 des Militär-Wochenblattes 1891 mit großem Recht die Leistungen der Artillerie des V. und XI. Korps hervor. Indem er aber erklärt, daß die Artillerie hier entschieden habe, indem er angiebt, daß manche Französischen Angriffe sich nur an unserem Artilleriefeuer gebrochen hätten, geht er wieder zu weit. Ich hatte, auf Vorposten hart an der Sauer auf dem Fuchshübel stehend, das Glück, die ganze Entwickelung der Einleitungskämpfe und des Artilleriekampfes genau beobachten zu können, und habe diese Beobachtungen in meiner „Entwickelung der Taktik" verwerthet, sie auch in der Geschichte des Regiments Nr. 50 niedergelegt. Die Wirkung unserer Artillerie gegen die Französische war ganz ungeheuer. Binnen einer Stunde fiel im Französischen Centrum kein Kanonenschuß mehr, die Infanterie muß unter diesem Feuer auch gelitten haben, aber von einer entscheidenden Wirkung zu sprechen, ist übertrieben und heißt, die Zähigkeit und Ausdauer der Infanterie in dieser Schlacht, absonderlich im Centrum, nicht genügend schätzen. Die Französische Infanterie stand immerhin in Bodenfalten gegen den Schuß vielfach, in den Hopfen- und Weinbergen und Wäldern gegen Sicht fast ganz gedeckt. Wenn man nun die Verluste des V. und XI. Korps und den überaus hartnäckigen Infanteriekampf im Centrum sowie im Niederwald u. s. w. betrachtet, welcher den Regimentern der 10. Division durchschnittlich per Regiment 900 bis 1000

Mann kostete, wie kann man dann von einer entscheis
denden Wirkung der Artillerie sprechen? Ich bin der
Ueberzeugung, sie wäre keine entscheidende geworden,
wenn die Artillerie auch noch eine Stunde länger vor
dem Angriff der Infanterie geschossen hätte, zumal auch
unsere Granaten an diesem Tage, des aufgeweichten
Bodens wegens, schlecht krepirten, wie Chalus ausdrücklich
betont. Wenn man sagt „entscheidend", so muß man
doch zum Mindesten den Sinn damit verbinden, daß die
Arbeit für die Infanterie leicht ist. Daß sie dies hier
nicht war, nun das lehren eben die Verluste.

Ich komme nun zu der niederen Führung und verstehe
darunter etwa die vom Zuge bis zum Regiment herauf.

Die Führung der Bataillone und Regimenter wurde
zuerst durch die Maßregeln der höheren Führung stark
beeinflußt, sodann litt sie, wie schon erwähnt, unter der
Ungunst der Verhältnisse, besonders des Flußüberganges,
im Centrum ohne Brücken, außerordentlich. Aber da
selbst, wo Brücken vorhanden waren, mußte man doch
über diese Engwege hinweg erst zum Aufmarsch kommen,
die Lage war also auch dort schwieriger als gewöhnlich.

Es werden der niederen Führung die Vorwürfe
gemacht, daß sie sich aus Kampflust, patriotischem Muth
und Ehrbegierde zu Handlungen habe hinreißen lassen,
welche die Fehler der höheren Führung nur vergrößert
hätten. Wir möchten vor Allem sagen, daß die
Schwankungen der höheren Führung, verbunden mit den
außergewöhnlichen Verhältnissen, die niedere Führung zu
Handlungen veranlaßten, welche ihr bei gewöhnlichen
Verhältnissen als Fehler angerechnet werden würden.
Immer aber muß man die Verhältnisse des besonderen
Falles in Betracht ziehen und die Beweggründe erwägen,
welche die Handlungsweise herbeiführten. Wir können
natürlich hier nicht ein Urtheil über die gesammte niedere
Führung abgeben, sondern basiren unsere Meinung wie
die vorher genannten Autoren auf das, was wir gesehen,
oder was wir durch Studium erfahren. Nicht in Abrede

wollen wir stellen, daß willkürliche Handlungen mancher Unterführer ohne Begründung, daß das Durchgehen nach vorwärts vorgekommen ist. Diesen Fällen steht aber, glaube ich, eine Mehrzahl von Fällen geschickter, zielbewußter entschlossener Führung gegenüber. Man wird es mir nicht verübeln, wenn ich hauptsächlich von dem V. Armeekorps spreche — welches ja auch am meisten angegriffen ist — und den hartnäckigsten Kampf durchfocht. Und da muß ich denn sagen, daß ich es wesentlich der sehr geschickten Unterführung, neben der Zähigkeit der Truppen, zuschreibe, daß die 20. Brigade, ja vielleicht die ganze 10. Division nicht das Schicksal der 41. Brigade (Avantgarde XI. Korps) erlitt. Die Truppen wurden niemals über die Sauer zurückgeworfen, auch dort nicht, wo sie keinen Stützpunkt wie Wörth — also zwischen Wörth und Spachbach — hatten, sondern sie behaupteten sich unerschütterlich an der Chaussee nach Hagenau, wo sie stets, nachdem sie von den Franzosen von den Thalhöhen herabgeworfen worden waren, wieder Front machten. Wem anders ist dies zuzuschreiben, als der niederen Gefechtsführung und der Disziplin der Truppe? — Major Kunz erwarb sich ein großes Verdienst dies betont zu haben. Ich habe nach meinen dortigen Erfahrungen und meinen Forschungen die Darstellung eines jener Kämpfe in der Geschichte des Regiments 50 abgefaßt und ich glaube, sie giebt ein treues Bild von dem Verhalten der niederen Gefechtsführung auf diesem Punkt.

Selbst bei Einzelhandlungen, die man nach allgemeinen taktischen Regeln verwerfen muß, war häufig noch ein Motiv zu finden. Z. B. der Hauptmann v. Burgsdorff, 1. Komp. 50., geht, gleich nachdem seine Kompagnie als erste im Gänsemarsch die Sauer überschritten hat, gegen den Galgenhübel vor, nimmt denselben, wird dann von einer starken Französischen Linie sofort wieder herabgestürzt, wobei er mit allen seinen Offizieren mit Ausnahme eines derselben fällt. Das ist ja jedenfalls ein solches

Beispiel der Uebereilung; indeß er wird das Motiv gehabt haben, durch sofortige Besitznahme des beherrschenden Galgenhübels den Uebergang des Bataillons zu decken. — Andere Beispiele wieder zeigen die gewandteste Benutzung der Verhältnisse und Umstände. Aehnlich wird es wohl auf allen Punkten ergangen sein. — Man wird da und dort übereilt, da und dort richtig gehandelt haben. — Ich kann auch hier nur den ausgesprochenen Tadel als zu weitgreifend erachten. — Keineswegs will ich Mißstände und Fehler an einzelnen Punkten läugnen und habe stets die Einheitlichkeit der Kriegshandlung verfochten, aber man muß nicht zu viele taktische Fehler in einem so eigenthümlichen Kampfe herausfinden und zu viel beweisen wollen. Die Worte von Clausewitz über die Kühnheit (Seite 175, Vom Kriege) müssen immer ihren Klang behalten. Ob wir nun mit unserer jetzigen „Auftragstaktik" auf dem richtigen Wege sind, diese Mißstände auszurotten, daß ist eine große Frage. Andernorts habe ich mich — in Uebereinstimmung mit General v. Scherff — dahin ausgesprochen, daß ich den jetzigen Weg nicht ganz für den richtigen halten kann.

Die Grundlage des militärischen Handelns bleibt der „Befehl" und die vorgeschriebene Ordnung. Die selbständige Handlungsweise gehört dahin, wo man keine Befehle bekommt, wo die höhere Leitung durch irgend welche Umstände gelähmt ist, oder wo ihre Befehle augenscheinlich auf ganz anderen Voraussetzungen beruhen. Eine Theorie läßt sich darüber unter keinen Umständen aufstellen. Der konkrete Fall entscheidet ganz allein. Dies war aber bei Wörth an vielen Punkten der Fall. Von den größeren Vorstößen der Franzosen, welche in dieser Schlacht besonders beachtenswerth, und welche in keiner der Schlachten von 1870/71 mit solcher Thatkraft ausgeführt wurden, soll bei Besprechung der höheren Führung die Rede sein. — Ueber die taktische Form, in der sie ausgeführt wurden, jedoch jetzt schon ein Wort.

Major Kunz meint, die Franzosen seien uns in der Ausführung dieser Angriffe überlegen gewesen. Ich will das nicht ganz verneinen. Sie befolgten darin, nach den Ueberlieferungen von 1859, die einfache Taktik des Draufgehens, wobei ihre Linie ein fortwährendes rollendes Feuer abgab. Diese Art des Angriffs that denn auch gegen die durch den Uebergang über die Sauer, die langen Kämpfe an den Abhängen und im Walde erschöpften und ganz durcheinandergekommenen Deutschen in mehreren Fällen ihre Wirkung, freilich ohne den Sieg an die Französischen Adler zurückführen zu können, so z. B. beim Angriff des 1. Turkoregiments. Dieser letzte Angriff ist es werth, ihm einige Worte zu widmen. Wenn Chalus sagt, er habe bei Freund und Feind Bewunderung erregt, so kann ich dies als Augenzeuge und Mitkämpfer voll bestätigen. Die Französische Linie nahte sich wie eine wandelnde Pulverwolke unaufhaltsam dem Wege Elsaßhausen —Gundershofen, welcher von einer Deutschen, aus Soldaten verschiedenster Truppentheile gemischten Schützenlinie besetzt war. Dieselben wurden überrannt, und alle Bemühungen, die Weichenden am Rande des kleinen Gehölzes bei Elsaßhausen zum Stehen zu bringen, waren vergeblich. Dies geschah erst auf der südöstlich dieses Gehölzes gelegenen Höhe mit Hülfe einer geschlossen eintreffenden Kompagnie und einer Batterie, die auf kürzeste Entfernung in die Turkos hineinfeuerte. — Nachdem wir Front gemacht und die Leute wieder zum Vorgehen gebracht hatten, hielten sie sich vortrefflich, und der eben noch so tapfere Feind floh, vom Schnellfeuer zerschmettert, aufgelöst nach dem Großen Walde zurück.

Der Angriff der Turkos zeigt zwei lehrreiche Momente. Der erste, daß die größere Summe geistiger Intelligenz, welche die aus der allgemeinen Wehrpflicht hervorgegangenen Soldaten im Vergleich zu diesen Wüstensöhnen hier darstellten, durchaus nicht den Sieg verbürgt, sondern daß dieser von einfacher richtiger Taktik und von der Entschlossenheit des Angriffs abhängt. Zum Zweiten wurde hier der Beweis geliefert, daß Frontalangriffe, den Sätzen unseres alten und jetzigen Reglements zuwider, doch gelingen können, wenn ihnen die Umstände — hier eine frische Truppe gegen eine gemischte Linie — günstig sind. Hieran werden auch die neuesten Gewehre nichts ändern.

Andere Angriffe, z. B. der Brigade Maire gegen Wörth, des 96. Linienregiments, der Brigade Wolf bei Elsaßhausen, scheiterten alsbald hauptsächlich unter dem Feuer unserer Infanterie. Auch der Angriff des 3. Linienregiments südlich Wörth gelang nicht vollständig, wie andernorts behauptet wurde, denn der Galgenhübel blieb im Besitze der Preußen, welche von hier aus die bis an den Thalrand vorstoßenden Franzosen ins Flankenfeuer nahmen. Major Kunz läßt die Franzosen hierbei immer in geschlossenen Linien vorgehen. Ich habe nur dicke Schützenschwärme gesehen, es ist aber möglich, daß die geschlossenen Linien sehr bald die Gestalt eines Schützenschwarmes annahmen. In der Relation ist mehrere Male das Entfalten der Bataillone „en bataille" (Linie) vor den Angriffen erwähnt, in andern Fällen ist von Kolonnen, sogar von der Double-Colonne gesprochen. Nach den Lehren, welche bei uns seit 1866 schon als feststehend angenommen wurden, würden diese Formen nun gerade eine Ueberlegenheit der Französischen Angriffsweise n i c h t einschließen.

Es muß bei Betrachtung dieser Seite der Sache aber Folgendes nicht vergessen werden. Die Franzosen standen auf einer Hochfläche bezw. auf Höhen den über die Sauer gehenden Deutschen gegenüber. Sie waren also im Stande, größere Angriffe mit Ruhe anzusetzen und mit größerer Ordnung auszuführen als die Deutschen, sei es, daß sie die Truppen hierzu aus der Reserve vorholten, oder sie hinter der Schützenlinie bereit stellten. In jedem Fall hat dieser Umstand nicht wenig zu einer etwa hierin von den Franzosen gezeigten Ueberlegenheit beigetragen.

III.
Die höhere Führung.

Ich folge in meinen Betrachtungen dem Gange der Ereignisse.*) Dabei aber setze ich die Kenntniß der Stellungen der Armeen vor der Schlacht wie des Verlaufes derselben voraus.

Das Buch von Kunz sagt, daß am Nachmittag des 5., als die Avantgarde der 10. Division (der Vortrupp der Infanterie wurde von mir geführt) im Vormarsch auf Wörth war,**) der General v. Walther an das Generalkommando gemeldet hätte, „er werde vorläufig Vorposten nur bis zur Sauer vorschieben, am 6. August aber versuchen, den Schlußpassus des Korpsbefehls zur Ausführung zu bringen".

Dieser Passus besagte nämlich, daß die Avantgarde Wörth in Besitz nehmen und Vorposten jenseits der Sauer ausstellen sollte. Bemerkt soll hierbei werden, daß diese Meldung in den Berichten und Tagebüchern des V. Armeekorps, der 10. Division und 20. Brigade keine Erwähnung findet. Daß sie aber dennoch — vielleicht mündlich? — abgegangen sein kann, soll nicht bestritten werden.

Ist der letzte Satz dieser Meldung wortgetreu, und das Generalkommando des V. Armeekorps hätte den Avantgardenkommandeur in dem Glauben gelassen, daß die Absicht, am nächsten Morgen die Vorposten über die Sauer vorzuschieben, auch nur stillschweigend gutgeheißen worden wäre, so müßte das Generalkommando ein nicht unbedeutender Vorwurf treffen.

---

*) Von dem damaligen Hauptmann im Generalstabe V. Armeekorps, jetzigen Generallieutenant Stieler v. Heydekampf ist mir eine Arbeit zur Verfügung gestellt worden, in welcher er mehrere Stellen des Buches von Kunz bespricht. Ich habe dieselbe mehrfach benutzt.

**) Sie war in diesem Moment etwa in der Höhe von Dieffenbach.

Nach dem Buche von Stieler v. Heydekampf sowie nach der mir vorliegenden neuen Darstellung desselben, endlich nach den schon oben erwähnten dienstlichen Schriftstücken (Kriegsarchiv) waren die Generale v. Kirchbach und v. Schmidt gleich nach dem Eintreffen der Meldungen von der Anwesenheit eines starken Korps bei Wörth bei der Avantgarde erschienen, wo der Chef des Generalstabes Oberst v. d. Esch bereits anwesend war. Es war deutlich zu erkennen, daß auf den westlichen Uferhöhen der Sauer eine Armee stand, und daß ein Angriff auf dieselbe zu einer Schlacht führen müsse. Hiermit war schon die in dem letzten Satze der Meldung des Generals v. Walther ausgesprochene Absicht, die Vorposten morgen bis über die Sauer vorzuschieben, als unausführbar anerkannt, und war dies nach der ganzen Sachlage vollständig klar.

Dieser Darstellung kann ich aus eigener Anschauung dahin beipflichten, daß ich den im Wagen sitzenden verwundeten General v. Kirchbach, den General v. Schmidt und den Oberst v. d. Esch selbst zu dieser Zeit bei der Avantgarde gegenwärtig sah. Es wäre jedenfalls sehr unrichtig gewesen, wenn dies in diesem Moment nicht der Fall gewesen wäre, denn der Grundsatz des großen Napoleon, selbst zu sehen, wird immerdar seinen Werth behalten. Für den Oberfeldherrn einer modernen Armee freilich wird er nicht immer ausführbar sein.

Das Oberkommando der III. Armee hatte die Absicht, nicht am 6. sondern am 7. mit vereinten Kräften zu schlagen. Dem kann nur voll beigetreten werden. Man wollte sicher gehen und mit frischen und ausgeruhten Truppen fechten. Die III. Armee war aber derart zusammengehalten, daß man, als die Schlacht sich wider Willen entspann, im Stande war, mit bedeutender Ueberlegenheit aufzutreten.

Derartig zum Schlagen bereit zu sein, ist aber eins der ersten Erfordernisse und Bedingungen wahrer Kriegskunst. Die Front des Korps Werder war am

5. Abends nach Süden, die des XI. Korps nach Südost. Auch der Armeebefehl für den 6. ließ das Korps Werder, indem man das Vorrücken bis Reimersviller befahl, noch die Front nach Süden nehmen. Man glaubte also wohl noch mit einem möglichen Erscheinen des im Oberelsaß stehenden VII. Korps rechnen zu müssen. Ob nicht ein erneuter Erkundungsversuch durch den Hagenauer Forst für den 6. hätte angeordnet werden müssen, mag dahingestellt bleiben. Jedenfalls war man im Stande, am 7. das Korps Werder gegen den an der Sauer stehenden Gegner ins Feuer zu bringen. Auf Französischer Seite sehen wir — wie Kunz und Keim richtig auseinandersetzen — daß durchaus nicht Alles geschah, was geschehen konnte, um die Versammlung der unter den Befehl Mac Mahons gestellten Truppen an der Sauer möglichst früh ins Werk zu setzen, vorausgesetzt allerdings, daß die Angaben von Kunz über das zur Verfügung stehende Bahnmaterial richtig sind.

Für die Beurtheilung des Französischen Oberbefehlshabers muß zu seinen Gunsten ins Gewicht fallen, daß ihm der Befehl über das V. und VII. Korps erst am 5. August telegraphisch übertragen war. Daß der Marschall über sein Verhalten für den nächsten Tag aber nicht klar war, erkennt man deutlich aus Folgendem:

Am 5. August Abends 8 Uhr 10 Minuten depeschirt er an den General de Failly in Bitsch: „Kommen Sie mit ihrem ganzen Armeekorps nach Reichshoffen". Am 6. August Morgens 3 Uhr erhält er eine Depesche von Failly des Inhalts, er könne ihm nur die schon angemeldete Division Guyot de Lespart schicken; am 7. würde die Division Goze nach Philippsburg gelangen u. s. w. — Hierauf schreibt der Marschall am 6. an Failly einen Brief, worin er ihn anweist, eine seiner Divisionen nach Philippsburg — etwa halbwegs zwischen Bitsch und Reichshoffen — zu schicken. Wolle sich der Kronprinz zwischen die Korps Failly und Mac Mahon schieben, sollte sich die Division von Philippsburg auf Obersteinbach, eine andere Division von Bitsch auf Stürzelbronn bewegen, eine Brigade sollte Lemberg „den Schlüssel der Vogesen", besetzen; 4 Brigaden des 1. Korps sollten auf Obersteinbach gehen, um den Feind vereint mit dem V. Korps konzentrisch anzugreifen u. s. w. Eine Nachschrift sagt: „Alles in Allem, schicken Sie so schnell als möglich die 1. Division nach Philippsburg und halten Sie die beiden anderen marschbereit."

Es ist also von dem telegraphischen Befehl, mit dem ganzen Korps nach Reichshoffen zu kommen, keine Rede mehr. Was für Nachrichten den Marschall bewogen haben mögen, die Bewegungen seines Gegners, welcher dicht vor ihm stand, derartig falsch zu beurtheilen, daß dieser Brief an Failly die Folge war, ist nicht bekannt.

Zudem aber mußte doch vorausgesetzt werden, daß dieser Brief die Maßregeln Faillys am Morgen des 6. nicht mehr beeinflussen konnte. Er erhielt ihn denn thatsächlich auch erst um 2 Uhr Nachmittags.

Der Brief stellt zwei Hypothesen auf. Die eine: Der Kronprinz will — wie oben erwähnt — die Korps Failly und Mac Mahon trennen, indem er den Kamm der Vogesen überschreitet (bei Lützelstein, Lichtenberg?). Die andere: Der Kronprinz bleibt bei Lembach, oder in der Rheinebene versammelt stehen. In dem ersten Falle soll er bei Obersteinbach angegriffen werden. Was in dem zweiten Falle geschehen soll, ist aus dem Briefe schwer herauszulesen. Der Brief macht den Eindruck mangelnder Klarheit, und die Verwirklichung der darin enthaltenen Absichten würde die vorhandenen Streitkräfte verzettelt haben.

Der Brief zeigt ferner augenscheinlich, daß der Marschall am 6. keine Schlacht erwartete. Seine Gedanken waren thatsächlich im Einklang mit denen des Deutschen Oberkommandos. Aber war er berechtigt, dies anzunehmen angesichts der Thatsache, daß ein feindliches Korps mit seinen Truppen in unmittelbarer Berührung an der Sauer stand, und der Gegner ihm so eben bei

Weißenburg Beweise seiner Angriffsabsichten und seiner Stärke geliefert hatte? Die vis major der „Friktion" zeigte sich denn auch stärker als die menschlichen Absichten. Unbedingt bewies sich das Oberkommando der III. Armee im Punkte der Versammlung vor der Schlacht dem Französischen überlegen, und hätte dies ein weiterer Grund für die Relation sein können, mit mehr Achtung von demselben zu sprechen.

Die Rekognoszirung der 20. Infanteriebrigade am Morgen des 6. war der Anfang der Einleitungskämpfe. Es sei mir erlaubt, in Folgendem einige persönliche Wahrnehmungen einzuflechten. Meine Kompagnie stellte vom 5. zum 6. August die Feldwachen des Füsilier=bataillons 50., welches das Centrum der Vorpostenauf=stellung des ganzen V. Korps bildete. Ich hatte eine Feldwache auf dem Wege Oberndorf — Spachbach, eine an dem westlichen Rande des Fuchshübels, eine auf dem von Dieffenbach nach der Straße Preuschdorf — Wörth führenden Feldwege. Mit dem Rest der Kompagnie lag ich in einem Gehöft in der Mitte des Westrandes von Dieffenbach. Dicht bei diesem Gehöft, nur durch die Dorfstraße getrennt, hatte sich General v. Walther einquartiert. In der Morgendämmerung schon wurden wir durch Gewehrfeuer alarmirt, welches in der Richtung von Gunstett stattfand. Ich meldete dies selbst dem General v. Walther, welcher schon im Begriff war, zu Pferde zu steigen, und sofort abritt. Mit meinem Piket rückte ich an den Westrand des Fuchshübels vor, mich mit der mittleren Feldwache vereinigend. In diesem Moment, etwa 4 Uhr, befand sich der Chef des General=stabes, Oberst v. d. Esch, bereits am Fuchshübel.

Von diesem erhöhten Standpunkt aus bezw. bei einer Baumgruppe in der Nähe von Oberndorf haltend, war ich mit mehreren anderen Offizieren Zeuge der Entwickelung der Dinge, wie sie sich bis zu dem Moment abspielte, in welchem wir den Befehl zum Vorgehen erhielten.

Der Morgen war trübe, und der Regen, welcher die ganze Nacht gefallen war, hielt nach meiner Erinnerung bis gegen 5½ Uhr an. Das Gewehrfeuer bei Gunstett dauerte mit einzelnen Pausen fort.

Um 7 Uhr sahen wir zu unserer großen Ueberraschung Kompagniekolonnen in das Sauerthal hinabsteigen und die Richtung auf Wörth nehmen. Zu gleicher Zeit fuhr die Batterie Caspary auf und eröffnete das Feuer, welches alsbald von zwei auffahrenden Französischen Batterien erwidert wurde. Es war die von dem Avantgardenkommandeur befohlene Erkundung. Jeder der am Fuchshübel versammelten Offiziere wußte, daß eine Schlacht für den 6. August nicht beabsichtigt war, daß die Armee sich enger versammeln sollte. Als Grund für die Erkundung wird angeführt, der Avantgardenkommandeur hätte Bewegungen im feindlichen Lager wahrgenommen und hätte ins Klare darüber kommen wollen, ob der Feind etwa abmarschire.

Von unserem Standpunkt aus, und dieser war ein sehr guter, war von einer solchen Bewegung nichts wahrzunehmen. Viele einzelne Trupps gingen zum Fouragiren und nach Wasser, auf einen Abzug aber deutete nichts. — Wir können uns daher der Meinung der Relation in diesem Punkt wie derjenigen der genannten Deutschen Verfasser nur anschließen. Es war kein thatsächlich bestätigter Beweggrund für diese Erkundung, welche die Ursache zur Schlacht wurde und somit die Absichten der höheren Führung durchkreuzte, vorhanden. Der glückliche Erfolg kann diesen Schluß nicht ändern.

Aber der Vorwurf der „Rauflust", den das Buch an anderer Stelle den Preußischen Generalen im Allgemeinen macht, paßt auf diesen Fall zum Mindesten nicht. Der betreffende General hatte die obenerwähnten Erscheinungen beim Feinde wahrgenommen und war in der Beurtheilung derselben fehlgegangen, auf jeden Fall hielt er es für seine Pflicht, die Lage festzustellen.

Hätte er den Armeebefehl vom 5. Abends, nach

welchem das II. Bayerische Korps, falls am 6. Kanonen=
donner hörbar würde, eine Division in die Französische
linke Flanke vorgehen lassen sollte, gekannt, so würde er
vielleicht anders gehandelt haben.

Wir müssen dem Major Kunz beistimmen, wenn er
sagt, daß die Fassung des Befehls an das II. Bayerische
Korps keine glückliche genannt werden kann. Ein Befehl
für Bereitstellung einer Division, ohne Erwähnung eines
möglichen Kanonendonners, wäre richtiger gewesen. Aber
für eben so wenig ersprießlich müßten wir es halten,
wenn, wie Kunz vorschlägt, den höheren Truppenführern
der Befehl zugegangen wäre, jede Berührung mit den
Franzosen zu vermeiden. Ein solcher Befehl konnte
ebenfalls leicht zu Mißverständnissen und zu einem
schwankenden Verhalten führen. Die Absicht, am 6. nicht
zu schlagen, war, wie oben schon erwähnt, überall bekannt.
Wie diese Mittheilung an die Truppen gelangte, kann
ich nicht angeben. — Die Weisung für das II. Bayerische
Korps gelangte nicht an die anderen Truppen, also auch nicht
an das Generalkommando des V. Korps. — Kunz giebt
an, daß General v. Walther um 6 Uhr an das General=
kommando des V. Armeekorps gemeldet habe, er werde
um 7 Uhr rekognosziren. Da er keine Antwort durch
die zurückkehrende betreffende Ordonnanz erhalten, hätte
er geglaubt, auf das Einverständniß des Generalkommandos
schließen zu können. — Es würde sich zuerst darum
handeln, ob diese Ordonnanz vor 7 Uhr, also vor Beginn
der Erkundung, zurückgekehrt ist.

Bemerkt muß im Uebrigen werden, daß diese um
6 Uhr abgeschickte Meldung weder in den Tagebüchern
noch in den Berichten des Generalkommandos V. Korps
und des Chefs des Generalstabes (Kriegsarchiv) erwähnt
ist. In dem Bericht der 20. Brigade ist nur von abge=
sandten Meldungen im Allgemeinen die Rede. Möglich,
daß diese Meldung an eine andere Stelle gerathen ist;
möglich ferner, daß hier eine Verwechselung mit einer schon
um 4 Uhr Morgens abgegangenen Meldung der Avant=

garbe, welche aber von anderen Dingen handelte, vorliegt. Dagegen ist in dem Bericht des Generalkommandos wörtlich eine von 8 Uhr Morgens datirte Meldung des Avantgardenkommandeurs enthalten, welche über die bereits begonnene Erkundung — deren Geschützfeuer man schon seit einiger Zeit im Quartier des Generals v. Kirchbach vernahm — berichtet. Heydekampf spricht sich in dem erwähnten Aufsatz ebenso aus. Nach Eingang der Meldung von 8 Uhr ist dann der Befehl des Generalkommandos erfolgt: „Das Gefecht ist sofort abzubrechen. Es ist nicht Sache der Vorposten, gewaltsame Rekognoszirungen vorzunehmen." Dieser Befehl traf erst ein, nachdem das Gefecht auf Befehl des Brigadiers bereits abgebrochen war.

Wenn Keim bemerkt, die Rüge des Generalkommandos sei zu spät gekommen, so konnte sie nach obigen Angaben allerdings nicht früher eintreffen.

Die Unterschiede in den Zeitangaben sind freilich jetzt nicht mehr festzustellen, aber die Besprechung derselben ist nie überflüssig, wenn sie zur Beurtheilung der Handlungsweise der Betheiligten dienen kann. Außerdem aber kann man hieraus Belehrung über den Betrieb des Meldedienstes und des Dienstverkehrs im Felde überhaupt schöpfen. — Derselbe scheint damals noch nicht mit jener Genauigkeit betrieben worden zu sein, wie sie jetzt verlangt wird. Es geht dies auch daraus hervor, daß sogar in dem Generalstabswerke einzelne Angaben, über Zeit des Eintreffens, Angaben des Befehls u. s. w. fehlen.

Bei der Erwähnung anderer Vorfälle wird dies noch augenscheinlicher hervortreten.

Gleich nachdem nun die Erkundung der Vortruppen des V. Korps ein Ende genommen hatte, erfolgte ein Vorstoß von Französischer Seite auf dem rechten Flügel. Der Kommandant der 4. Französischen Division General Lartigue ordnete, unter Vorziehung mehrerer Batterien, den Angriff eines Jägerbataillons gegen das II./50. bei Gunstett an, mit dem Befehl, sich auf den Höhen von

Gunstett festzusetzen. Das Bataillon läßt 3 Kompagnien zu besonderen Zwecken zurück, greift mit 3 Kompagnien die bei Gunstett nicht zerstörte Brücke an und wird mit ungeheurem Verlust blutig abgeschlagen.

Die Relation nennt diesen Angriff allerdings zwecklos (sans but). Er ist im Vergleich zu der Erkundung der 20. Preußischen Brigade, welche doch einen bestimmten Zweck verfolgte — geradezu ungeheuerlich zu nennen, und die Bemerkungen über Unwissenheit in den einfachsten Grundsätzen der Kriegskunst, welche die Relation über die Preußischen Generale ausschüttet, treffen schon zu Anfang der Schlacht in viel höherem Maße einen Französischen General.

Der kommandirende General des II. Bayerischen Armeekorps v. Hartmann hatte in durchaus umsichtiger Weise die 4. Division, in Verfolg der Weisungen des Oberkommandos, bereit gestellt.

Zu dem Kampfe der Division bemerkt der Major Keim, dieselbe sei mit einer Avantgarde in den Kampf getreten, die Nachtheile dieser Form hätten sich jedoch hier nicht so fühlbar gemacht als anderswo. Dies ist richtig, denn die Division konnte in dem dichten Walde doch nicht gleich entwickelt vorgehen. Sie mußte doch erst wissen, wie und wo der Feind ihr gegenüberstand. Etwas Anderes ist es, wenn man aufmarschirt vorrücken kann. Daß die Avantgardenformation in solchem Falle bei einer Division in der Regel große Nachtheile mit sich führt und vollständig unnütz ist, darauf habe ich schon früher hingewiesen. Dann ist eben der Divisionskommandeur an der Spitze, einige Reiter und höchstens ein Bataillon die einzige Sicherung, die man brauchen kann. Alles Andere dient nur zur Zersplitterung und einer Erschwerung der Befehlsführung.

Daß die Bayerische Division sich sehr ausdehnte, ist richtig, doch ist dies im Walde so schwer zu übersehen, daß man es als einen taktischen Fehler in diesem Falle nicht wohl betrachten kann, wie Keim es thut. Die

Division versuchte keinen Sturm. — Kunz erklärt dies für richtig. Wir schließen uns dem an. Man hatte während des Gefechts erkannt, daß gleiche Kräfte gegenüberstanden. Der Zweck des Vorgehens war durch das Anfassen des Gegners vollständig erreicht. Die Anweisung des Oberkommandos hatte offenbar den Zweck, den Franzosen ein etwaiges Vorgehen gegen das V. Korps zu erschweren. Dies war geschehen.

Das Gefecht wurde nun — ob auf die von dem General v. Walther an den General v. Hartmann gegebene Nachricht (Kunz S. 37) oder auf Befehl des Oberkommandos, soll unten kurz erörtert werden — abgebrochen, und die Truppen gingen zurück. Man muß anerkennen, daß dies eine ungemein schwierige Aufgabe war und wohl geeignet, die Stimmung der brav vorgegangenen Truppen zu beeinträchtigen. Von den Franzosen wurde dieser Abzug selbstverständlich als eine Niederlage der Deutschen aufgefaßt.

Wir gehen nun zu dem anderen Flügel über. Die 21. Division hatte ganz richtig gehandelt, als sie sich auf das bei Gunstett hörbare Gefecht nach diesem Orte wandte. Der Divisionskommandeur ließ die Avantgarde aufmarschiren und zog seine Artillerie vor. Von wem nun der Befehl zum Uebergange der 41. Brigade über die Sauer gegeben wurde, ist nicht aufgeklärt. Der Uebergang der rechten Flügelkolonne bei Spachbach wurde ohne Befehl durch einen in der Schlacht gebliebenen Bataillonskommandeur des 87. Regiments begonnen. In Bezug auf diesen Angriff können wir uns nur einfach einverstanden mit den Kritiken der Relation und denen von Kunz und Keim erklären.

Als die Gruppe von Offizieren, unter denen ich mich befand, das verzettelte Vorgehen einzelner Bataillone über die Sauer bemerkte, waren uns der Zweck und die Manier, in welcher diese Bewegung ins Werk gesetzt wurde, gleich unbegreiflich. Jeder von uns sah den üblen Ausgang lebhaft vor sich. Diese Avantgarde (41. Brigade) mußte zurückgehalten werden, bis der kommandirende General auf dem Gefechtsfelde erschien. Bald darauf hörte unsere Beobachtung auf, da wir selbst (20. Brigade) den Befehl zum Angriff erhielten.

Es beweist aber diese Gefechtsepisode ungemein klar, daß es durchaus zweckmäßig ist, wenn der Korpsführer mit der Avantgarde marschirt. Ich habe dies stets als Grundsatz aufgestellt — es ist mir oft bestritten worden, aber ist es denn nicht klar, daß der Korpsführer zuerst selbst sehen muß, daß er alle Meldungen schneller erhält, und daß er den Eintritt in ein unzeitiges Gefecht verhindern kann? Die Theorie: man lasse Jeden machen und greife ihm nicht in seinen Wirkungskreis ein, klingt ganz schön, ihre Richtigkeit hat aber auch gewisse Grenzen, und gerade beim Anfang des Gefechts, da wo demselben sein Charakter und seine Richtung gegeben werden soll, ist sie unter zehn Fällen nicht ein Mal anwendbar. — Noch ein Mal! Napoleon I. sah stets selbst. Das war eine der großen Ursachen seiner Erfolge. In wie unpraktischer Form diese Avantgarde ins Gefecht trat, ist schon in der Relation, bei Kunz und Keim genau erwähnt. Der Rückschlag wäre vielleicht nicht von so auffallenden und empfindlichen Erscheinungen begleitet gewesen, hätte man diese jungen Regimenter nicht verzettelt und von Anfang an durcheinandergemischt. Das taktische Verhalten der Franzosen diesem vereinzelten Vorgehen gegenüber kann man nur lobend anerkennen. Lartigue, der überhaupt nur 11 Bataillone Infanterie hatte (zwei waren abkommandirt), verwendete nicht zu viel Truppen gegen diese Brigade. Diese aber gingen mit aller Entschiedenheit, was der Lage ganz angemessen war, vorwärts und warfen die verzettelt und durcheinandergewürfelt vorgehende Brigade über die Sauer zurück. Daß die Division Lartigue den Ostsaum des gegen Spachbach und Gunstett vorspringenden Waldbastions nicht besetzt hatte, war dagegen eine große taktische Ungeschicklichkeit. Geschah dies, so konnte keine Maus bei Spachbach über die Sauer gehen.

Wir kehren zum Centrum zurück.

Nach dem Abbrechen des Erkundungsgefechts bei Wörth bemerkte man Preußischerseits die schwierige Lage der Bayern in der Nähe von Langensulzbach und hörte auch das Gefecht bei Gunstett. Es waren zur Stelle der Kommandeur der 10. Division v. Schmidt, der General v. Walther und der Chef des Generalstabes Oberst v. d. Esch.

Der Letztere hielt es, unter Zustimmung des Avantgardenkommandeurs, für geboten, den Kampf der Bayern zu unterstützen, „damit der Gegner verhindert würde, sich etwa mit ganzer Kraft gegen einen Flügel des Deutschen Heeres zu wenden." Zunächst ließ man die 6. leichte Batterie (die Avantgardenbatterie) wieder vorgehen. So das Generalstabswerk.*) Der bereits anwesende General v. Schmidt stimmte bei, und die Artillerie der Divisionen wie auch die Korpsartillerie wurden vorgeholt und traten ins Feuer.

Dies sind die entscheidenden Beschlüsse, welche den eigentlichen Anfang der Schlacht bedingten, und nicht zu leugnen ist es, daß dieselben nicht nur der Absicht des Oberkommandos nicht entsprachen, sondern daß die Anordnungen zur Ausführung auch ohne vorherige Billigung des kommandirenden Generals V. Armeekorps, dessen bei Weißenburg erhaltene Wunde vor seinem Abreiten verbunden wurde, ins Werk gesetzt wurden. Diese Billigung erfolgte erst nachträglich. — Der Oberst v. d. Esch hatte hierbei wohl jedenfalls einen bedeutenden Einfluß auf den Gang der Ereignisse ausgeübt. Wer daran weitergehende Schlüsse für die Rolle der Generalstabsoffiziere knüpfen wollte, würde sehr fehlgreifen. Es ist für die Regel daran festzuhalten, daß die Generalstabsoffiziere die Gehülfen der befehligenden Generale

---

*) Hiermit steht, beiläufig gesagt, die Stelle S. 40 bei Kunz, wonach der Chef des Generalstabes erst nach dem Auffahren der Batterie eingetroffen, in Widerspruch. Derselbe war vorher zur Stelle.

sind, und nichts mehr — anderenfalls würde das allein richtige Prinzip der einheitlichen Befehlsführung allmälig Schaden erleiden. Bei Beurtheilung dieses Falles ist zu berücksichtigen, daß General v. Schmidt wohl berechtigt war, als Vertreter des augenblicklich noch abwesenden. kommandirenden Generals aufzutreten. — Materiell war der Beschluß richtig. Man berücksichtigte hierbei wohl auch die Zusammensetzung der Armee. Was hätte es für einen Eindruck auf die Bayern gemacht, wenn man dem Kampf bei Langensulzbach ruhig zugesehen hätte?

Der General v. Kirchbach erschien im Uebrigen sehr bald nach Fassung jener Beschlüsse und jedenfalls noch vor Entwickelung der Hauptmasse der Artillerie, um 9½ Uhr.

Zu gleicher Zeit wurden das II. Bayerische und das XI. Korps dazu aufgefordert, in des Feindes Flanken vorzugehen, während das V. Korps den Gegner in der Front festhalten würde.

Das Abreiten des Hauptmanns v. Mantey zum XI., das des Lieutenants v. Reibnitz zum II. Bayerischen Korps erfolgte um 10, Eintreffen etwa um 10½ Uhr, was mit dem Bericht des II. Bayerischen Korps über-einstimmt. (K. A.)

Eine gleiche Meldung ging an das Oberkommando mit der Bitte um Genehmigung ab. Dieselbe traf etwa um 10½ Uhr dort ein.

Das Oberkommando aber hatte offenbar schon früher eine Meldung des Majors v. Hahnke erhalten, welcher zum V. Korps entsandt worden war, und hatte den Abbruchsbefehl schon vor dem Eintreffen der Meldung des V. Korps abgesandt.

Man kann es, glaube ich, nur billigen, daß der General v. Bose bei der ersten Aufforderung Anstand nahm, dem Ersuchen des V. Korps sogleich nachzukommen. Derselbe verwies auf den Befehl des Oberkommandos, nach welchem er nur bis an die Sauer vorzugehen hatte. Die Verhältnisse waren noch nicht so weit gediehen, um ein Abweichen von diesen Befehlen rechtfertigen zu können.

Der General v. Hartmann machte den eben eingetroffenen Befehl des Oberkommandos geltend, versprach aber, die Truppen festzuhalten, wo sie ständen, und möglichst einzugreifen. Inzwischen nun kämpfte die Artillerie des V. zusammen mit der auf der Höhe von Gunstett entwickelten des XI. Korps die gleichfalls vorgegangene Französische sehr bald nieder.

Ich konnte diesen Kampf sehr gut übersehen, und als binnen einer kleinen Stunde kein Kanonenschuß mehr im Französischen Centrum fiel, zog ein Gefühl des Vertrauens in jede Brust ein. Aufgeklärt ist durch das Buch von Chalus und die Relation, daß die Französischen Batterien absichtlich aus dem aussichtslosen Kampfe zurückgezogen wurden.

Die Verwendung der Artillerie beim V. und später auch beim XI. Korps war durchaus den großen Grundsätzen gemäß, nach denen Napoleon I. stets verfahren, und wie sie in der 1869 erschienenen Unterweisung für die höheren Truppenführer aufgestellt worden waren.

Dies müßte, falls die Relation objektiv geurtheilt hätte, von ihr anerkannt werden. Dagegen war die Verwendung auf Französischer Seite durchaus fehlerhaft. Die Reserveartillerie wurde im Sinne einer Reserve verwandt und erst vorgeholt, als sie absolut nichts mehr wirken konnte, nämlich im letzten Zeitpunkt der Schlacht, als die Preußischen Schützen sie auf nähere Entfernungen unter Feuer nahmen. Also auch hier wieder geistige Ueberlegenheit der Truppenführung auf Deutscher Seite.

Bald nach 10 Uhr nun bemerkte man beim V. Korps das vorhin besprochene Eingreifen der 41. Brigade. Es konnten, wohl gemerkt, zu dieser Zeit die Antworten der Nebenkorps noch nicht zurück sein.

General v. Kirchbach beschloß, den Infanterieangriff zu eröffnen, und wir sind nun bei dem Punkte angelangt, welcher mit Recht am meisten erörtert worden ist.

Es wurde der 20. Infanteriebrigade befohlen, Wörth und die Höhenstellung am westlichen Ufer zu besetzen;

damit war gesagt, anzugreifen und zwar — eine entwickelte Armee.

4¼ Bataillone waren von dieser Brigade verfügbar. Als Beweggrund wird angegeben: Das Gefecht beim XI. Korps, die Annäherung anderer Theile desselben und wiederum die Absicht, die Franzosen zu verhindern, sich auf einen Flügel zu werfen, sie im Centrum festzuhalten.

Man kann nun hier fragen:
1. War der Entschluß zum Angriff überhaupt um diese Zeit richtig?
2. War die Art des Angriffs richtig?

Kunz billigt Seite 54 diesen Entschluß ganz ausdrücklich und bemängelt nur das „tropfenweise" Einsetzen. Auf derselben Seite aber wird auch richtig befunden, daß mit dem Infanterieangriff noch eine gute Stunde hätte gewartet werden müssen. Seite 58 und 59 wird ein scharfer Tadel über das Vorgehen und besonders über die Art des Vorgehens ausgesprochen. Es ist hier die Rede von „fieberhafter Ungeduld", „Unkenntniß der Kriegsgeschichte", „alter Deutscher Rauflust".

Major Keim bespricht den Angriff des V. Korps in Nr. 89 des Militär-Wochenblattes. Er urtheilt auch recht scharf über denselben und meint, der Angriff sei ohne gehörige Aufklärung der Geländeverhältnisse, der Aufstellung und Stärke des Feindes ins Blaue hinein beschlossen worden. — Sodann wird das vereinzelte Einsetzen der Truppen ebenfalls getadelt.

Wir sind der bestimmten Ansicht, daß in diesen Aussprüchen weder die Beweggründe noch die Umstände gehörig gewürdigt sind.

Wir verweisen nochmals auf die in der Mittheilung an die Nebenkorps schon enthaltene Absicht des Generals v. Kirchbach, den Gegner in der Front festzuhalten. Er erkannte damit an, daß die Entscheidung hauptsächlich auf den Flügeln fallen mußte, ohne darauf verzichten zu wollen, unter Umständen auch in der Front zur Entscheidung beizutragen.

Stellt man sich dies vor Augen: „den Gegner festhalten", so gewinnen die Maßregeln des Generals v. Kirchbach sofort ein anderes Gesicht. Nach unserer Kenntniß der Dinge, aber auch in Ansehung der Persönlichkeit des Generals v. Kirchbach, welcher allerdings etwas vom Haudegen an sich hatte, zugleich aber ein kriegswissenschaftlich in hohem Grade durchgebildeter, besonnener, denkender, in hohen Stellungen des Preußischen Generalstabes gebildeter Offizier war, ist es uns nicht zweifelhaft, daß „Festhalten" wirklich die Absicht war.

Konnte dies nun durch ein länger fortgesetztes Artilleriefeuer allein erreicht werden? Wir sprachen uns schon in der „Entwickelung der Taktik" gegen diese Annahme aus. Ein wirkliches Festhalten kann nur durch ein Herangehen der Infanterie erfolgen. Eine bloße Kanonade wird einen scharfsichtigen und unternehmenden Feind nicht hindern, andere Punkte seiner Linie zu verstärken.

Ist man damit einverstanden, und ich glaube, das wird meistentheils der Fall sein, so wird man den oben erwähnten Meinungsäußerungen nicht zustimmen, insbesondere aber nicht der von Keim von dem „ins Blaue" hinein geführten Angriff. — Man war sogar vollständig orientirt sowohl über das Gelände als auch über den Feind, soweit man dies überhaupt im Kriege sein kann. Man übersah, daß auf den westlichen Uferhöhen eine Armee stand, und daß ihr Centrum sich etwa bei Elsaßhausen befand. Wie hätte man denn mehr erfahren können?

Mir scheint, ein wenig mehr Ueberlegung und Kenntniß guter taktischer Grundsätze könnte man einem von Kaiser Wilhelm I. so hoch geschätzten Führer, wie General v. Kirchbach wohl zutrauen. Wir haben seit 1871 nicht so große Fortschritte gemacht, daß wir uns auf ein übermäßig hohes Piedestal jenen Führern gegenüber zu stellen brauchten.

Keim verwechselt übrigens, wie es scheint, hier die

Momente des Angriffs, nämlich den gleich nach 10 Uhr durch die 20. Brigade allein mit dem, in welchem der General v. Kirchbach den Entschluß faßte, die Schlacht, ungeachtet der eingegangenen Befehle des Oberkommandos fortzusetzen, oder er beurtheilt sie zusammen. Es wirken aber bei denselben verschiedene Beweggründe mit.

Die Bemerkung der Kritik in Nr. 8 der Militär-Literatur-Zeitung 1890, welche von dem „Durchgehen" einzelner Brigaden des V. Armeekorps nach vorn spricht, ist gänzlich unzutreffend. Abgesehen von der Rekognoszirung des einen Bataillons am Morgen, ist kein Mann der 20. und 19. Brigade ohne Befehl des Generalkommandos über die Sauer gegangen.

Ob der Angriff etwas früher oder später geschah, darauf kommt hier nicht viel an, denn die Artillerie konnte durch ein längeres Feuer gegen die in den Geländefalten liegende Infanterie — wie schon oben dargelegt — den Gegner nicht viel mehr schädigen, als schon geschehen. Man muß also den Angriff meines Erachtens um diese Zeit richtig finden, da er eben nur Beschäftigung, Festhalten bezweckte. Das Endurtheil muß immer den Gefechtszweck im Auge behalten, das haben wir insbesondere von Verdy gelernt. Auch ist wohl nicht zu verwerfen, wenn wir zum Entschluß des Generals v. Kirchbach zu Recht mitwirkend das Gefühl in Anschlag bringen, daß Altpreußen, welches doch der Führer im politischen und militärischen Kampfe war, auch hier berufen sei, entschlossen voranzugehen.

Was nun den zweiten Punkt, Art und Weise des Angriffs und Zahl der dabei verwandten Truppen, anbetrifft, so kann über diesen die ernsteste Erörterung stattfinden, darin pflichten wir sowohl der Relation als auch den oben genannten Deutschen Schriftstellern bei.

Diesen Eindruck hatte ich und mit mir viele Andere, als wir (die 4¼ Bataillone der 20. Brigade) den Abhang hinunterstiegen und dabei entdeckten, daß uns nicht ein Mann folgte, daß wir allein gegen eine Armee vorgingen. Wie diese Truppen ihrer Pflicht trotz dieses Eindruckes nachkamen, ist bekannt, und haben sie damit — ohne Ueberhebung gesagt — der Preußischen Disziplin ein Denkmal gesetzt.

Man kann aber dem sogenannten „methodischen Gefecht", wie man früher das allmälige Nähren des Kampfes bis zum schließlichen Einsetzen einer Reserve nannte, auch jetzt noch zu demonstrativen Zwecken, d. h. zum Festhalten oder Hinhalten des Gegners, Berechtigung zugestehen.

Man kann deswegen doch erwidern: Gut, aber man muß doch niemals das Gefecht so beginnen, daß eine fast sichere Niederlage der vorgeschickten Truppen vorauszusehen ist. Man mußte daher die ganze 10. Division geschlossen einsetzen und die 9. in Reserve behalten. Aber war es bei einem richtigen taktischen Verhalten der Franzosen sicher, daß nicht auch die ganze 10. Division eine Niederlage erleiden konnte?

Ich gelange in meiner „Entwickelung der Taktik", obgleich sonst immer ein Eiferer für den systematischen Aufmarsch und eben solche Durchführung der Schlacht, dahin, mich unter diesen Umständen mit dem Einsatz nur einer Brigade einverstanden zu erklären.

Dagegen kann man wieder über den ihr gewordenen Auftrag recht verschiedener Meinung sein. Man kann einer Truppe nicht sagen: Verfahre demonstrativ, liefere ein Scheingefecht. Sie wird dann vielleicht gar keins liefern, aber man kann ihr das Ziel des Vorgehens nach dem Gefechtszweck bestimmen. Wenn daher Kunz Seite 118 meint, man hätte besser gethan, nur Wörth besetzen zu lassen und keinen Angriff auf die Höhen zu unternehmen, so ist eine solche Ansicht keinesfalls zu verwerfen. Einige Bataillone mußte man dann zur Deckung des Brückenschlages zwischen Wörth und Spachbach verwenden, und hätte der Verlauf der Dinge gezeigt, ob man genöthigt gewesen wäre, sie bis an die Hagenauer

Chaussee etwa vorzuschieben. Als erste Stufe in der Entwickelung eines Angriffs behufs Festhaltung des Gegners wäre vielleicht ein solches Verfahren praktisch gewesen. Ob es genügt hätte, die Aufmerksamkeit des Marschalls Mac Mahon in dem Grade auf sein Centrum zu lenken und ihn von der Unterstützung seines rechten Flügels abzuhalten, wie es thatsächlich geschehen ist, das erscheint zweifelhaft. Jedenfalls hat der General v. Kirchbach mit der Art seines Angriffs erreicht, was er wollte, und dies ist für uns in diesem Falle das Maßgebende für die Beurtheilung, über die angewandten Mittel läßt sich nicht hartnäckig rechten.

Wenn der Major Keim in Nr. 88 über den thatsächlichen Verlauf das Urtheil fällt, die Avantgarden der 4. Bayerischen Division, des V. und XI. Korps hätten sämmtlich „Theilniederlagen" ohne den mindesten Nutzen erlitten, so trifft dies nur beim XI. Korps zu. Diese Avantgarde wurde über den Fluß zurückgeworfen. Der Angriff der Avantgarde des V. Korps auf die Thalhänge wurde allerdings abgewiesen, aber sie behauptete sich auf dem rechten Ufer, zwischen Wörth und Spachbach sogar ohne jeden Stützpunkt. Von einer Theilniederlage der Avantgarde der 4. Bayerischen Division kann man gar nicht sprechen, denn fast die ganze Division war im Kampf und ging auf Befehl zurück. Die Avantgarde des V. Korps hat ebensowenig eine „Niederlage" erlitten wie die 1. Gardedivision bei Saint Privat — wie ein Oesterreichisches Blatt neulich sagte — denn wenn man sich vor einem Angriffsobjekt behauptet, bis Hülfe kommt, so ist das doch keine „Niederlage".

Es erfolgte nun das stückweise Einsetzen der 10. Division bis zum Eingang des Befehls des Oberkommandos, das Gefecht abzubrechen, etwa 11½ oder 11¾ Vormittags.

Es ist jetzt nothwendig, das Schicksal des Abbruchsbefehls des Oberkommandos näher zu verfolgen, und müssen wir daher in der Darstellung etwa fünf Viertelstunden zurückgreifen.

Kunz nimmt Seite 37 seines Buches an, daß der Abbruch des Gefechts der Bayern infolge der um 10½ Uhr durch den Adjutanten der 20. Infanteriebrigade, Premierlieutenant Lauterbach, im Auftrage des Generals v. Walther gemachten Mittheilung von dem ihm zugegangenen Befehl des Generalkommandos V. Korps erfolgt sei. — Dagegen liest man Seite 227 des Generalstabswerkes, die durch einen Ordonnanzoffizier überbrachte Weisung beruhe „wahrscheinlich" auf dem schriftlichen Befehl, welcher dem V. Armeekorps über Abbruch des Gefechts kurz zuvor zugegangen sei. Der Oberst v. d. Esch, Chef des Generalstabes V. Armeekorps, bestreitet in einem mir abschriftlich zugänglich gemachten Briefe vom Jahre 1872, daß ein schriftlicher Befehl an das Generalkommando des V. Armeekorps gelangt sei. „Genau kann ich die Zeit nicht mehr angeben, ich schätze sie auf 10½ Uhr, vielleicht etwas später,*) auch weiß ich nicht bestimmt, wer der Ueberbringer war."

Das dienstliche Tagebuch desselben (K. A.) giebt 12 Uhr als den Moment des Eintreffens der Mittheilungen der Nebenkorps und zugleich der Weisung des Oberkommandos über den Abbruch des Gefechts an. Dasselbe sagt der Spezialbericht des V. Korps. (K. A.) Von dem Eingang eines Befehls des Oberkommandos direkt an den General v. Kirchbach ist weder in dem sofort nach der Schlacht erstatteten Bericht noch in dem Spezialbericht desselben die Rede. Seite 239 des Generalstabswerkes wird gesagt, der Befehl sei irrthümlich auch an die Bayern gelangt. Hahnke sagt in „Operationen der III. Armee", er sei in der Voraussetzung, daß er auch für die Bayern bestimmt sei, an diese überbracht worden. Dies würde mit neueren Darlegungen des Generals v. Heydekampf übereinstimmen, welcher annimmt, der betreffende Ordonnanzoffizier sei erst zu den Bayern und dann zum V. Armeekorps geritten. Er belegt dies

---

*) Es war jedenfalls viel später. Siehe unten.

nach den Oertlichkeitsverhältnissen in ziemlich wahrscheinlicher Weise.

Uns erscheint nach den Angaben des II. Bayerischen und V. Korps als festgestellt:

Daß das II. Bayerische Korps das Gefecht auf einen um 10½ Uhr an dasselbe gelangten Befehl des Oberkommandos abbrach.

Daß dieser Befehl erst nachher und zwar zwischen 11 und 12 Uhr an das Generalkommando des V. Korps gelangte.*)

Es ist dies nicht unwichtig. Gelangte der Befehl des Oberkommandos, ehe er zu den Bayern kam (10½ Uhr), zum V. Korps, so kann man, in Betracht der Entfernung von der Artilleriestellung, wo sich General v. Kirchbach aufhielt, bis Langensulzbach, wo General v. Hartmann sich befand, annehmen, daß dies etwa um 10 Uhr geschehen sein müßte, also zur Zeit des Eintritts der Avantgarde des V. Korps in den Kampf, vielleicht kurz nachher. Eine Möglichkeit, dem Befehl des Oberbefehlshabers ohne zu große Nachtheile zu gehorchen, hätte dann noch vorgelegen, obgleich eine sehr schwache. Da aber der Befehl zuerst an die Bayern und zwischen 11 und 12 Uhr beim V. Korps anlangte, war der größte Theil der 10. Division in hartnäckigem Kampfe mit dem Feinde gebunden, und ein Rückzug wäre von den übelsten Folgen begleitet gewesen.

Uns erschien diese Feststellung, abgesehen von dem Interesse der möglichst genauen geschichtlichen Darstellung, nicht nur zur Beurtheilung der Führung, sondern auch als erneuter Beweis von der ungeheuren Wichtigkeit des Verkehrsdienstes im Felde geboten.

Nachdem nun der Befehl des Oberkommandos eingetroffen war, trat der Wendepunkt des Tages ein. Wir lassen den Spezialbericht des V. Korps hier sprechen:

---

*) In meiner „Entwickelung der Taktik" nehme ich 11½ Uhr an.

„Der kommandirende General erwog in diesem Moment, daß ein Abbrechen des Gefechts wenigstens ohne sehr großen moralischen Verlust nicht angängig, daß dagegen ein fast sicheres günstiges Resultat erzielt werden müsse, wenn das V. Korps in der Front den Kampf mit Energie fortsetzte und dadurch einen großen Theil der feindlichen Streitkräfte auf sich zöge, während die Nebenkorps die Angriffe auf die feindlichen Flügel, also in umfassender Weise, auszuführen hätten."

Hiermit ist gesagt, daß der Zweck seines Vorgehens dem General v. Kirchbach sehr klar vor Augen stand, und sein thatsächliches Verfahren steht mit diesen Worten nicht in Widerspruch. Eine etwaige Zurechtlegung der Beweggründe nach der Schlacht erscheint sowohl nach dem Verlauf der Dinge als auch nach der Persönlichkeit Kirchbachs gänzlich ausgeschlossen.

Der nun gefaßte Entschluß des Generals v. Kirchbach ist eine der charakteristischsten und bedeutsamsten Thatsachen des gesammten Krieges. Man stelle sich die Sachlage vor Augen. Er erhält einen Befehl des Armeeführers, des künftigen Königs, eines bewährten Generals, der die II. Armee 1866, in welcher General v. Kirchbach die 10. Division kommandirte, unter Beihülfe desselben Chefs des Generalstabes, des Generals v. Blumenthal, zu glorreichen Siegen geführt hatte — er konnte sich bewußt sein, daß ein Verstoß gegen den Gehorsam vielleicht eine noch schärfere Beurtheilung erfahren würde als in einem anderen Falle, er mußte sich sagen, welche ungeheure Verantwortlichkeit er auf sich nahm, wenn die Sache unglücklich ablief, sowie, daß er als Preußischer General, gerade in Betracht der verschiedenen Zusammensetzung der III. Armee, ganz besonders verpflichtet war, das Beispiel eines unbedingten Gehorsams und richtigsten Verhaltens zu geben, und dennoch entschloß er sich, dem Befehl strikte entgegenzuhandeln und das Gefecht nicht abzubrechen, sondern es fortzusetzen.

General v. Kirchbach befand sich hier in einem Falle, wo der feste Charakter, diese unentbehrliche Eigenschaft des wahren Führers, sich in voller Größe zeigen konnte. Und einem solchen Zuge gegenüber will man damit rechnen, ob ein Angriff eine halbe Stunde später oder früher anzusetzen war?

Bemerkt muß werden, daß Kunz Seite 122 allerdings diese Ruhmesseite des persönlichen Verhaltens von Kirchbach ganz und voll anerkennt. Die Begründung des Entschlusses giebt das Generalstabswerk vollkommen richtig an, wenn es sagt: „Man übersah, daß ein Abbrechen des Gefechts bei dessen jetzigem Stande nicht ohne große Verluste für die Avantgarde möglich war, daß ein Zurückziehen der Abtheilungen vom rechten auf das linke Ufer in Verbindung mit den rückgängigen Bewegungen beider Nebenkorps dem Gegner unbestritten das Recht geben würde, sich einen zwar materiell unbedeutenden, in seiner moralischen Wirkung aber nicht zu unterschätzenden Sieg zuzuschreiben."

Diese Gründe waren ausschlaggebend, alles Andere war nebensächlich.

Der Telegraph hätte durch ganz Europa einen Sieg der Franzosen getragen, die Schlacht bei Spicheren und das Treffen von Weißenburg wären in der öffentlichen Meinung ausgeglichen gewesen. Mißmuth und Niedergeschlagenheit über die unnütz eingetretenen Verluste und die sich aufhebenden Maßnahmen der Führung, deren Ursache man in der Truppe nicht übersehen konnte, wären die Folge gewesen, und ob eine Schlacht am 7. August unter diesen Umständen mit einem so glänzenden Siege der Deutschen geendet hätte, wie am 6., wäre sehr in Frage gekommen. Der Rückzug der zwischen Spachbach und Wörth übergegangenen Truppen wäre einer Vernichtung derselben gleichgekommen.

Die Gefechtslage des V. Armeekorps war gänzlich verändert, als der Befehl des Oberkommandos eintraf. Der Befehl war unter anderen Voraussetzungen abgegangen.

Der Relation gegenüber aber kann man nur sagen, daß das Geschick von Frankreich sich 1870 wahrscheinlich weniger ungünstig gestaltet haben würde, wenn die Französischen Generale Züge von solcher persönlichen Charakterfestigkeit und Selbständigkeit, wie sie Kirchbach bewies, aufzuweisen gehabt hätten.

Das war kein Zug jener falschen Selbständigkeit, wie ich sie in meiner kleinen Schrift „Befehlsführung und Selbständigkeit" dargelegt habe, sondern eine Handlungsweise, wie sie Kaiser Wilhelm I. eben in solchen Fällen von seinen Generalen erwartete.

Die Relation bestreitet natürlich diese Begründung des Entschlusses Kirchbachs und behauptet, die wahre Ursache desselben sei die Absicht dieses Generals gewesen, allein siegen zu wollen. Sie stützt sich dabei auf die folgende Stelle des Generalstabswerkes, Seite 40:

„Endlich durfte sich der General v. Kirchbach von einem sofortigen Frontalangriff entscheidende Erfolge versprechen, wenn auch nur später erst von Langensulzbach und Gunstett aus eingegriffen wurde."

Es wäre aber meiner Meinung nach unzulässig, hieraus folgern zu wollen, Kirchbach hätte gemeint, durch seinen Frontalangriff allein siegen zu können, denn das erwähnte spätere Eingreifen der Deutschen Flügel ist als Bedingung des Erfolges hingestellt, wie dies auch in seinem Spezialbericht erwähnt ist. Infolge des Entschlusses erfolgte die entsprechende Meldung an das Oberkommando und Bitte um Genehmigung, sowie erneute Aufforderung an die Nebenkorps, einzugreifen, auf welche letztere alsbald zustimmende Antworten eintrafen. Rittmeister Manché traf den Kronprinzen schon auf dem Wege nach dem Schlachtfelde und berichtete ihm mündlich. Der Oberbefehlshaber erschien dann um 1 Uhr daselbst.

Hier wurde dann sofort der Armeebefehl erlassen, welcher in kurzen Sätzen den Plan der Schlacht festlegte:

Das II. Bayerische Korps drückt derartig auf die linke Flankenstellung des Feindes, daß es hinter derselben in der Richtung auf Reichshoffen zu stehen kommt. Das I. Bayerische Korps schiebt sich unter möglichster Marschbeschleunigung zwischen das II. Bayerische und V. Armeekorps ein. Das XI. Korps geht über Elsaßhausen und am Niederwald vorbei energisch auf Fröschwiller vor. Vom Korps Werder folgt die Württembergische Division dem XI. Korps auf Gunstett und über die Sauer; die Badische Division geht vorläufig bis Saarburg. Wir sagen in der „Entwickelung der Taktik": „einfach und klar ist der Gedanke, durchaus möglich die Ausführung."

Das V. Korps erhielt aber, unter Mittheilung des Befohlenen, noch folgende Anweisung:

Abgang 6. 8. 1 Uhr.

Der Angriff des V. Korps muß noch verzögert werden, bis General v. d. Tann herankommt. Er ist nördlich Preuschdorf dirigirt. Ebenso die 21. Division, welche den Befehl hat, auf Wörth zu marschiren. Mit beiden kann es noch ein bis zwei Stunden dauern. Korps Werder ist ebenfalls vorbeordert, es wird aber wohl drei Stunden bis zu seiner Ankunft dauern. gez. v. Blumenthal.

Nun hatte aber General v. Kirchbach die 17. Brigade in der Richtung auf Wörth, die 18. in der auf Spachbach näher herangezogen und für Unterstützung der hart ringenden 10. Division bereitgestellt.

Es trat jetzt aber auch zugleich der Zeitpunkt ein, in welchem es klar wurde, daß die 10. Division der Unterstützung bringend bedürftig war, was besonders zwischen Wörth und Spachbach zugestanden werden muß. So kam es, daß auch diese Weisung des Oberkommandos durch die Ereignisse im Centrum überholt wurde, und daß General v. Kirchbach nur noch zwei Bataillone der 10. Division in der Hand behielt.

Daß nur noch eine so schwache Reserve hinter der fechtenden Linie blieb, hatte freilich nach der Theorie Bedenkliches. Indeß konnte von einem Vorstoß der

Franzosen gegen die Deutsche Stellung auf dem linken Ufer, da sie nicht einmal vermocht hatten, die neun sechtenden Bataillone der 10. Division wieder über die Sauer zurückzuwerfen, nicht wohl die Rede sein.

Im Uebrigen trafen um 1½ Uhr die Spitzen des I. Bayerischen Korps bei Preuschdorf ein, und General v. d. Tann erschien selbst beim General v. Kirchbach auf dem Gefechtsfelde. Nunmehr konnte General v. Kirchbach seine letzte Reserve, die beiden Bataillone 4b. einsetzen und den Befehl zum allgemeinen Vorgehen ertheilen.

Ziemlich zusammen mit dem Vorgehen der 17. Brigade auf Wörth fällt der Vorstoß der Französischen frischen Brigade Maire, welche, vom Preußischen Infanterie- und Artilleriefeuer empfangen, so furchtbare Verluste erlitt, daß sie in Auflösung zurückwich, in Panik verfiel und zum Theil erst im Groß-Walde wieder Halt machte, was auch die Relation zugesteht.

Wenn die Relation höhnisch bemerkt, daß das Oberkommando nur Befehle erlassen hätte, die nicht zur Ausführung gekommen seien, so ist dies ja in einzelnen Punkten richtig. Dies ändert aber nicht, daß der auf der Höhe von Dieffenbach erlassene Armeebefehl den Plan und die Umrisse der Kriegshandlung im Großen richtig festlegte, bezw. die Gestaltung der Dinge, wie sie vorgefunden wurden, richtig verwerthete. — Major Keim sagt ganz treffend, daß sich die Deutschen Generale besser in die Improvisation gefunden hätten als die Französischen, was geistige Ueberlegenheit beweist.

Daß nun die Truppen des V. Korps, nachdem sie die Thalränder bei Wörth und den Galgenhübel endlich erstürmt hatten, dieselben festhielten, ihre Artillerie und das Eingreifen des XI. Korps abwarteten, ist nicht ein Zeichen der Schwäche und Erschöpfung — wie die Relation meint — sondern der Ueberlegung und der Einsicht, welche sie sonst so sehr befürwortet.

Der Moment, die Artillerie herüberzuziehen, war

gegeben und Alles aufgeboten, dies möglich zu machen. Der kommandirende General begab sich um diese Zeit, 1½ bis 2 Uhr, selbst — seiner Wunde wegen, welche ihm das Reiten verwehrte, zu Fuß — auf das westliche Ufer.

Mit der Beurtheilung der Maßregeln des Generals v. Bose in der Relation und den in Rede stehenden Veröffentlichungen können wir uns kürzer fassen, da wir uns zum größten Theil in Uebereinstimmung mit den genannten Autoren befinden.

Das Gesammtergebniß ist, daß das XI. Korps, nachdem der kommandirende General den Entschluß zum Eingreifen gefaßt hatte, ordnungsmäßig entwickelt und im Allgemeinen zweckentsprechend vorgeführt wurde.

Die Verwendung der Artillerie auf den Höhen von Gunstett geschah nach denselben Grundsätzen wie beim V. Korps.

Durch das Einsetzen einer geschlossenen Division (22.) und einer Brigade unter Zurückhaltung einer Reserve von einigen Bataillonen mußte die Division Lartigue, welche dem XI. Korps gegenüberstand, zum Weichen gebracht werden. Die 22. Division hätte wohl mit allen Kräften auf die Höhe nördlich Morsbrunn gerichtet werden können; weshalb Theile derselben in die Gefechtslinie der 21. bis Spachbach vorgeschoben wurden, erscheint nicht ganz aufgeklärt. Es hatte das manche Nachtheile zur Folge.

Jedenfalls ist die Gefechtsleitung beim XI. Korps eine zielbewußte, in der Art der rangirten Schlacht durch einheitlichen Einsatz zur Ausführung gebrachte. Die Umfassung des rechten Französischen Flügels war anfangs nicht geplant, das mag sein, aber sie wurde durch eine Rechtsschwenkung sehr gut ausgeführt, sobald man inne wurde, daß man überflügelte.

Die Rückschläge fehlen aber hier auch nicht, und muß der gelungene Gegenstoß der Franzosen gegen den Albrechtshäuser Hof als einer der empfindlichsten der ganzen Schlacht bezeichnet werden.

Den Truppen kann gewiß die Anerkennung nicht versagt werden, daß, wenn auch im Walde ein sehr großes Durcheinander stattfand, dieselben doch die Hauptrichtung auf den Brennpunkt der Schlacht innehielten, und daß der Haken, den das XI. Korps, um wirksam einzugreifen, schlagen mußte, zu Stande kam.

Die Französische Kavallerie, welche bei Morsbrunn angriff, sollte auf Befehl des Generals Lartigue die Französische Infanterie auf einige Zeit entlasten. Ob man solche Opferritte in solchem Gelände ausführen lassen soll, und ob die ungeheuren Verluste im Verhältniß zu dem erlangten Verzugsvortheil stehen, ist eine offene Frage.

Die Leitung durch die Generale des XI. Korps war eine ungemein persönlich anregende, und trug die Anwesenheit des kommandirenden Generals stark dazu bei, dem Angriff auf Elsaßhausen unter Verwendung seiner drei Reservebataillone ein einheitliches Gepräge zu geben.

Das Nachziehen der Artillerie in bedeutenden Massen stieß hier nicht auf dieselben Schwierigkeiten wie beim V. Korps, da die Batterien sowohl die feste Brücke an der Bruchmühle zur Verfügung hatten als auch den Uebergang ohne Belästigung durch den Feind auszuführen im Stande waren.

Die Verwendung der Artillerie dieses Korps und das Verhalten derselben bei Elsaßhausen und beim Angriff auf Fröschwiller sowie in Abwehr der Französischen Gegenstöße sind mustergültig.

Der linke Flügel des V. Armeekorps war, sobald die Einwirkung des XI. Korps sich fühlbar machte, allmälig gefolgt — wodurch die Schlachtlinie eine halb= mondförmige wurde — und nahm Theil an der Eroberung von Elsaßhausen.

Es fand infolge des auflösenden Kampfes im schwie= rigen Gelände eine Vermischung der Truppen statt, wie man sie allerdings bei einer siegreichen Armee selten gesehen hat.

Dennoch schlugen diese durcheinandergewürfelten Truppentheile den Angriff der Kavalleriedivision Bonnemains mit der größten Ruhe, ohne ihre Formation zu ändern, vernichtend ab, mußten jedoch, wie schon erwähnt, vor dem Angriff des 1. Turkoregiments zeitweise weichen.

Von Maßregeln der Deutschen höheren Führung ist bis zum Angriff auf Fröschwiller noch Folgendes hervorzuheben.

Der Kronprinz hatte um 1¼ Uhr dem General v. d. Tann den Befehl zugesandt, zur Unterstützung des V. Korps die Sauer zu überschreiten, dem General v. Obernitz (Württemberger) aber, auf Reichshoffen zu marschiren und den Franzosen den Rückzug zu verlegen.

Der erste Theil dieses Befehls ergab sich aus den Gefechtsverhältnissen, wie sie sich beim V. Korps und dem II. Bayerischen gestaltet hatten, so zu sagen, von selbst. Der zweite Theil aber trägt den Charakter eines genialen Feldherrnthums, denn man ersieht aus demselben, daß das Oberkommando den Stand der Schlacht richtig erfaßte und nicht mehr am Siege zweifelte, daß es darauf ausging, den Gegner vollständig zu vernichten.

Von demselben Geist ist der Befehl durchweht, welcher schon um 1 Uhr an das II. Bayerische Korps abging, gegen Reichshoffen zu drücken. Der General v. Hartmann bestimmte dazu die 5. Brigade; diese mußte aus der 3. Division, welche die Front nach Bitsch hatte, erst herangezogen werden und wurde über Nehwiller vordirigirt.

Der 1. Bayerischen Division — die 2. war auf Befehl des Oberkommandos als Reserve zurückgehalten — hatte General v. d. Tann die Anweisung gegeben, umfassend anzugreifen. Demzufolge richtete der Divisionskommandeur, General Stephan, die 2. Brigade über die Alte Mühle auf den Ostzipfel des Holzes von Fröschwiller, die 1. auf dem Wege Alte Mühle—Fröschwiller direkt gegen letzteren Ort.

In Anbetracht des Umstandes, daß die Sauer von einer entwickelten Division in Front doch nicht zu überschreiten war, läßt sich hiergegen nichts einwenden.

Die Anweisung zum umfassenden Vorgehen war von den Umständen insbesondere geboten. Nach einem des öfteren hin und her schwankenden Kampf und nach dem Eingreifen zweier Preußischen Bataillone $\frac{\text{I. u. F.}}{59}$, welche auf Görsdorf entsandt waren, wurden die Franzosen auf Fröschwiller zurückgeworfen, welches, ziemlich gleichzeitig von Süd, Nord und Ost angegriffen, um 5 Uhr etwa erstürmt wurde.

Während die Schwarmlinien des V. und XI. Preußischen Korps auf Fröschwiller sich vorbewegten, traf hinter denselben die 2. Württembergische Brigade Starkloff ein und griff theilweise noch in den Kampf ein. Der Kommandeur war von dem oben erwähnten Befehl des Oberkommandos abgewichen und war, den Aeußerungen Preußischer Offiziere, daß bei Elsaßhausen Unterstützung wünschenswerth sei, folgend, auf dieses Dorf marschirt. Eine solche Begründung, von einem erhaltenen Befehl abzuweichen, kann als stichhaltig nicht erachtet werden.

Abweichen oder Abänderung von Befehlen müssen voll begründet werden. Die Aussagen einiger Offiziere bildeten keine solche Begründung, und stimmen wir hier der Ansicht, welche Keim darüber entwickelt, vollkommen zu.

Konnte nun die Brigade, wenn sie auf Reichshoffen marschirt wäre, eine so vernichtende Wirkung ausüben, wie sie manchmal angenommen wird? Es erscheint dies außer Zweifel. Die Brigade war um 2 Uhr am Ausgange des Westerholzes und erschien etwa um 3 Uhr bei Elsaßhausen. Sie konnte etwa um 3½ Uhr auf der Höhe östlich Reichshoffen angelangt sein. So tapfer einzelne Truppentheile derselben bei Fröschwiller noch eingriffen, so war der Ausgang dort, auch ohne Erscheinen der Württemberger, nicht mehr zweifelhaft.

Immer aber sind solche Fälle milde zu beurtheilen, worin uns auch unsere Heeresleitung mit gutem Beispiel voranging. Wer die Kriegsgeschichte kennt, der weiß, was es heißt, vor einen solchen Entscheid gestellt sein.

Kann nicht, indem ich buchstäblich dem Befehl nachkomme, großes Unheil geschehen? Wie, wenn der Feind uns, während ich auf Reichshoffen marschire, bei Elsaßhausen schlägt? Solchergestalt mögen die Fragen gewesen sein, die sich dem betreffenden Kommandeur aufdrängten. Die Kritik muß aber, da es nur eine Wahrheit geben kann, schließlich zum Entschluß kommen, damit, wie Clausewitz sagt, die Gründe und Gegengründe sich nicht gegenseitig auffressen.

Der letzte große Kampf um Fröschwiller war, trotz der großen Auflösung der Truppen, ein Beweis, daß ein gleichzeitiges Zusammenwirken schließlich das Ergebniß einer Schlacht war, welche sich aus einer nicht noth= wendigen Erkundung und unzusammenhängenden Zu= sammenstößen entwickelt hatte.

Indem wir noch einen Blick auf die Verfolgungs= maßregeln werfen, haben wir uns zugleich mit der Deutschen Reiterei zu beschäftigen.

Daß man im Centrum und auf dem rechten Flügel nicht einmal versuchte, Reiterei heranzubringen, während die Schlacht noch stand, ist wohl begründet, denn sowohl die Boden= als die eigenthümlichen Gefechtsverhältnisse machten ihre Verwendung unmöglich. Sie würde geschadet haben, statt zu nützen. Dagegen war es nicht unmöglich, Reiterei hinter der Infanterie des linken Deutschen Flügels übergehen zu lassen, um sie in das freiere Gelände bei Gundershofen vorzuschieben. Das Husarenregiment 13 griff auch in der That bei Morsbrunn in den Kampf ein.

Ein Heranziehen der 4. Kavalleriedivision war unter= blieben. Sie erhielt den Befehl erst um 6 Uhr Abends. Ein zu frühes Aufbrechen derselben hätte sie vielleicht in schädliche Berührung mit den ersten Staffeln der Kolonnen des XI. und Württemberg=Badischen Korps gebracht. Wir glauben hierin den Grund des späten Aufbruchsbefehls suchen zu müssen. Indeß glauben wir nicht, daß sie in dem wenig ausgedehnten freien Gelände zwischen Groß=Wald und Reichshoffen, selbst wenn es möglich gewesen wäre, sie um 5 Uhr dorthin zu bringen, Vortheile erlangt hätte, welche im Verhältniß zu ihrer Masse standen.

Kunz verlangt (Seite 132), das Oberkommando hätte die 26 Eskadrons Divisionskavallerie, welche auf dem Schlachtfelde gegenwärtig waren, in einer Masse auf dem linken Flügel vereinigen sollen. Er sagt: „Um 2 Uhr Nachmittags war das Endergebniß der Schlacht bei Wörth ziemlich klar vorauszusehen, um 5 Uhr fiel Fröschwiller. Man hatte also volle drei Stunden Zeit, um diese 26 Schwadronen, welche sämmtlich bereits auf dem Schlachtfelde anwesend waren, zu versammeln. Hierzu war nur nothwendig, die einzelnen Regimenter durch Ordonnanzoffiziere aufsuchen, ihnen den Befehl zum beschleunigten Vormarsch über Eberbach auf Reichs= hoffen überbringen zu lassen und sie unter einheitliches Kommando zu stellen."

Hierzu müssen wir zuerst bemerken: Es erscheint ungemein bedenklich einen organischen Körper, wie eine Division ihn darstellt, plötzlich eines Gliedes zu berauben, diese einzelnen Glieder von einem Flügel des Schlacht= feldes auf den anderen zu versetzen und sie hier zu einem Ganzen vereinigen zu wollen, das in der Zeit von wenigen Stunden während des Gefechts erst gebildet werden soll. Es ist uns wohl bekannt, daß solche Zusammenstellungen — insbesondere auch der Artillerie zur Zeit des großen Napoleon — vorgekommen sind, aber dann war die Schlacht übersichtlicher, und die Truppentheile sind mehr zur Hand gewesen.

Sodann: Wie kann man wissen, welche Aufgaben den einzelnen Divisionen am nächsten Tage zufallen werden, und ob sie zur Lösung derselben ihrer Kavallerie nicht sehr benöthigt sind? Würden die Regimenter den ihnen unbekannten Kommandeur bei Eberbach sogleich gefunden oder dieser sie gefunden haben?

Dieser Vorschlag schmeckt — im Gegensatz zu den meisten anderen Ausführungen des Verfassers — doch etwas stark nach der Theorie und etwas zu wenig nach dem Pulverdampfe. Die 11 Preußischen und Württembergischen Schwadronen zusammen mit der Bayerischen Brigade Schleich vom II. und einigen vom I. Bayerischen Korps entsendeten Truppen nahmen, dem Feinde noch sehr starke Verluste zufügend, die Linie des Falkensteiner Baches von Niederbronn bis Gundershofen. Diese Leistung ist anerkennenswerth. Bei damaliger Bewaffnung und Ausbildung der Kavallerie hätten selbst zwei Divisionen Reiter eine Verfolgung an demselben Abend über den Falkensteiner Abschnitt hinaus nicht zu Wege gebracht, da die Division Guyot de Lespart soeben eingetroffen war.

Wäre bei Reichshoffen Deutsche Infanterie in genügender Stärke zur Stelle gewesen, und hätte sie die Kraft gehabt, noch gegen Zinswiller vorzugehen, so wären noch größere Resultate erreicht worden, wie weiter unten noch dargelegt wird.

Wir gehen nun auf die Französische Seite, um die Maßnahmen der höheren Führung im Zusammenhange kurz zu betrachten.

Die Französische Kavallerie wurde auch am 5. zur Aufklärung nirgends verwandt. Mac Mahon blieb im Unklaren über die ihm mit den Vorposten auf Gewehrschußweite gegenüberstehende Armee. Wie wir gesehen haben, glaubte er an einen ernstlichen Angriff für den 6. nicht. Schanzarbeiten wurden nur ganz vereinzelt ausgeführt.

Die Relation tadelt mit Recht den Widerwillen und die Gleichgültigkeit, welche in der Französischen Armee gegen diese Arbeiten, — welche die Franzosen im Uebrigen sehr gut ausführen — herrschte. Man hätte die Ausführung unter dem Vorwande abgelehnt, daß die Truppen mißvergnügt werden könnten.

Die Besetzung der Stellung ist in der Relation im Allgemeinen übereinstimmend mit dem Generalstabswerk geschildert. Die Beurtheilung der Stellung ist aber ganz verschieden. Während das Generalstabswerk den rechten Französischen Flügel für nicht gefährdet erklärt, da das Dorf Morsbrunn unter dem Feuer der überhöhenden Stellung der Division Lartigue lag und eine Umgehung durch den Hagenauer Forst hätte ausheben müssen, hält es den linken Flügel für weniger günstig postirt, da der Anmarsch des Feindes durch die Waldungen verdeckt gewesen sei. Ebenso urtheilt Chalus Seite 86. Die Relation hält das Vorhandensein von Wäldern vor der Front einer Stellung für ungemein günstig, da die Wälder den Angreifer hindern, seine Artillerie zu gebrauchen, und ohne Artilleriewirkung könne man überhaupt nicht daran denken, eine gut besetzte Stellung anzugreifen. — Das klingt sehr gut, ist aber doch höchst einseitig geurtheilt, denn der Nachtheil einer gedeckten Annäherung des Angreifers — wie das Generalstabswerk ihn anführt — wird doch nicht gut weggeleugnet werden können.

Während das Generalstabswerk mit Recht ausführt, daß der Lauf der Sauer meist schon im wirksamen Schußbereich des Chassepots lag, behauptet — wie schon oben erwähnt — der Französische Autor, der Lauf der Sauer sei tief eingeschnitten und habe eher den Uebergang geschützt. Die Unrichtigkeit dieser Auffassung ist schon oben dargelegt. Die östlichen Thalhöhen sind von den westlichen überhöht. Den Vortheil des Angreifers, daß man auf dem östlichen Ufer von Dieffenbach bis Görsdorf des unbedeckten Geländes halber sich freier bewegen kann und dasselbe zur Aufstellung großer Artillerielinien geeignet ist, muß man zugestehen. — Dagegen trennte die tiefe Schlucht von Oberndorf das V. und XI. Korps, der Fuchshübel bei Dieffenbach ist ein fast undurchdringliches Holz; das II. Bayerische Korps war sogar durch den Sauer- und Sulzbach vom V. getrennt.

Alle diese Schwierigkeiten vergißt der Französische Autor in seinem Bestreben, die Verhältnisse für die Deutschen möglichst günstig hinzustellen. Als Vorzüge der Französischen Stellung gesteht er nur die steilen

Abfälle von Wörth bis zum Niederwald zu, welche den Sturm der Infanterie erschwerten. — Gegen die Besetzung der Stellung läßt sich, abgesehen von einigen schon erwähnten Einzelheiten, nur einwenden, daß es doch zweckmäßig gewesen wäre, sich eine stärkere Hauptreserve als die bei Weißenburg geschlagene Division Pellé zu halten. Man konnte hierzu wohl eine Brigade, vielleicht auch eine Division, erübrigen, wenn man die Abhänge gegen Wörth und nördlich Fröschwiller rechtzeitig — also am Nachmittage des 5. — befestigte. Der wahre Vortheil solcher Befestigungen ist eben, für das Ganze Truppen zu sparen, das scheint bei uns auch nicht immer erkannt zu sein. Die Stärke der Franzosen ist schon von dem Generalstabswerk auf rund 45000 Mann berechnet. Die sehr sorgfältigen Ermittelungen von Kunz kommen zu demselben Ergebniß.

Kunz berechnet ferner, daß Mac Mahon am Nachmittage des 6. August etwa 28000 Mann frischer Truppen hätte zur Stelle haben können, falls alle Befehle und Maßregeln für eine solche Verstärkung praktisch getroffen und energisch zur Ausführung gebracht worden wären. Er behauptet, das ganze V. Korps, General de Failly, mit Ausnahme zweier Brigaden, hätte auf der Eisenbahn Bitsch—Reichshoffen und die Division Liebert des VII. Korps auf der Eisenbahn Belfort—Straßburg—Hagenau, oder schlimmstenfalls Belfort—Lunéville—Brumath herangebracht werden können. Eine Kontrole, ob dies wirklich ausführbar gewesen wäre — insbesondere über Lunéville — ob die nöthigen Transportmittel vorhanden u. s. w., ist uns nicht möglich. Was das V. Französische Korps anbetrifft, so sind die Verhältnisse schon oben auseinandergesetzt. Daß die von Failly in Marsch gesetzte Division Guyot de Lespart etwa um 3 Uhr Nachmittags das Schlachtfeld erreichen konnte, darüber ist kein Zweifel, wäre sie nicht mit einer Pedanterie beim Absuchen des Geländes verfahren, welche den Vorwurf des Formalismus, den die Relation den Deutschen so oft macht, hier abermals auf einen Französischen General zurückfallen läßt. Im Uebrigen stand die Division Goze vom Korps Failly dicht bei Bitsch, und auch diese in Marsch zu setzen, wäre unbedingt möglich gewesen.

Die Leitung der Schlacht durch den Marschall betreffend, so vermißt man den durchgreifenden Gedanken, wie er in dem Verhalten des Generals v. Kirchbach: Festhalten des Feindes, um den Nebenkorps Zeit zur Umfassung zu geben, ferner in dem Befehl des Oberkommandos zur Umklafterung des Feindes hervortritt. Mac Mahon war eben vorher nicht mit sich einig geworden, was im Falle eines feindlichen Angriffs geschehen solle. Dies war aber angesichts eines nahe herangerückten Feindes eine Nothwendigkeit.

Mac Mahon steht auf seinen Höhen fest und wehrt sich mit seinen vorzüglichen Truppen wie ein gestellter Eber — „défense de sanglier" sagt die Relation als Ausdruck des Lobes. Wenn wir diese défense de sanglier aber näher betrachten, so sehen wir Mac Mahon thatsächlich von den Angriffen des V. Korps auf sein Centrum derart beschäftigt, daß er für seinen rechten Flügel nichts thun kann und sich erst mit ihm befaßt, als es zu spät ist.

Dies Verhalten des Französischen Feldherrn bildet die einfachste und beste Rechtfertigung Kirchbachs. Da Kunz Seite 122 sich im ähnlichen Sinne ausspricht, so versteht man um so weniger den an anderen Stellen enthaltenen scharfen Tadel.

Mac Mahon mußte ähnlich handeln oder zu handeln versuchen wie Blücher in der Schlacht an der Katzbach, d. h. an der Wüthenden Neiße, wie die Schlacht hätte heißen sollen, welche man den Russen zu Liebe „an der Katzbach" nannte. — Mittelst eines mit mindestens 10 bis 12 Bataillonen geführten Massenstoßes mußte er der 10. Division eine Niederlage bereiten und sie in die Sauer werfen. — Nachdem dies geschehen, war der rechte Flügel mit Allem, was entbehrlich war, zu verstärken.

Die Schwierigkeiten, welche die Ausführung hatte, leuchten, angesichts der Artilleriestellung der Deutschen, ein, aber dies wäre auch der Moment gewesen, die bis dahin zurückgehaltene Reserveartillerie einzusetzen (etwa 12 Uhr). Man kann von dem Baume von Elsaßhausen, wo Mac Mahon stand, jeden Mann sehen, der ins Sauerthal herabsteigt, und konnte man im Stabe des Marschalls ganz wohl berechnen, wieviel Preußen übergegangen waren, um die Zeit des Angriffs danach zu bemessen.

Statt dessen machten die Franzosen nur einzelne Gegenstöße; auch die auf Mac Mahons Befehl angesetzten überstiegen niemals die Stärke einer Brigade. Diese Angriffe waren nicht im Stande, die Preußen über die Sauer zu werfen, sie scheiterten ihrerseits stets an dem Saume von Wörth und an der Chaussee von Hagenau. War die 10. Division tüchtig geschlagen, so hätte es wohl einige Zeit gedauert, bis die 9. den Angriff wiederholt hätte. Trotz der „retours offensifs" und der „sorties" einzelner Truppentheile muß man die Vertheidigung Mac Mahons als des Angriffsgedankens im großen Stil entbehrend erklären. Ohne einen solchen großen Vorstoß konnte die Schlacht keinen siegreichen Ausgang nehmen. Man sollte meinen, dies hätte um Mittag dem französischen Oberkommando klar sein müssen, denn daß die III. Armee stark überlegen war, dies war doch dem Marschall bekannt. Möglich ist es immerhin, daß gerade das am Vormittag abgebrochene Gefecht der Bayern sich schon demselben als ein größerer Erfolg dargestellt und so, wenn auch unbeabsichtigt, die Stelle einer Demonstration vertreten hat.

Daß man von dem siegreich geglaubten linken Flügel Truppen zur Verstärkung des Centrums heranzog, war eine Mußmaßregel. Der Marschall setzte dem Feinde den äußersten Widerstand mit dem letzten Mann entgegen. Die Relation findet dies richtig, sie sagt, sich auf Aussprüche des großen Napoleon berufend, daß nur

Feldherren solchen Charakters jemals große Erfolge erringen könnten.

Man muß zugestehen, daß hierin viel Wahres ist. Napoleon handelte aber so bei Belle-Alliance und wird dafür von Clausewitz hart getadelt. Die Verbündeten bei Bautzen brachen dagegen die Schlacht rechtzeitig ab, ihren rechten Flügel vor einer Niederlage bewahrend. Was ist nun das Richtige? Hierüber wird man mit der Anwendung des größten Scharfsinnes nie eine allgemein gültige Antwort ertheilen können, ebenso wenig wie man je dahin gelangen kann, Grundsätze über Anwendung der Selbstständigkeit aufzustellen. Wo man dies versucht, wie es jetzt so oft der Fall ist, wird man nur Verwirrung und Unheil anrichten. Es entscheiden eben ganz allein der konkrete Fall und der Erfolg. Das Abbrechen einer Schlacht und ein Rückzug sind unter Umständen ein größeres Wagniß als der Widerstand bis aufs Messer. In der heutigen Zeit spielen nicht nur die Tüchtigkeit der Truppen, der Ruf ihres Führers und die ganze militärische Lage mit, sondern sogar die politische. — Auch von dieser wird die Führung oft beeinflußt, insbesondere da, wo Regierungen, welche durch Revolutionen ans Ruder gelangt sind, der nöthigen Festigkeit entbehren. Man denke an den Marsch der Armee von Châlons auf Sedan.

Wir können daher nur das Ergebniß des hartnäckigen Widerstandes Mac Mahons bis auf das letzte Bataillon betrachten, und dies war eine vollständige Niederlage. Dabei hatte er noch viel Glück. Zuerst die Nichtbefolgung des Befehls des Oberkommandos durch die Württembergische Brigade, sodann das Eintreffen der Division Guyot de Lespart bei Niederbronn.

Die Gefechtsleitung des Marschalls in diesen letzten Momenten, der Vorstoß der Brigade Wolf und der 1. Turkos, der Angriff der Kürassierdivision Bonnemains, das verspätete Auffahren der Reserveartillerie sollten Luft, Aufenthalt schaffen, um den Rückzug ausführen zu können. Die Infanterievorstöße kann man gelten lassen. Die Kavallerie und die Reservcartillerie hätte man besser zurückgesendet, um eine Aufstellung östlich Reichshoffen zur Deckung des Rückzuges zu nehmen.

Wenn die Relation das persönliche Verhalten des Marschalls und anderer Französischer Generale in schwungvollster Weise schildert, so haben wir nicht die Gewohnheit, ähnlich zu sprechen. Daß Kirchbach sein Korps verwundet weiter führte, daß Bose, das erste Mal bei Gunstett verwundet, erst als er vor Fröschwiller zum zweiten Mal getroffen wurde, das Kommando abgab, ist bekannt. Ducrots Anordnungen für die möglichste Deckung des Rückzuges mit den wenigen noch in Ordnung verbliebenen Bataillonen der Brigade Houlbeck müssen anerkannt werden.

Mac Mahon hatte bis zuletzt keinerlei Anordnungen für den Rückzug getroffen. Ueber die Richtung desselben war daher Niemand klar, und die Bemühungen, ganz zuletzt dieselbe bekannt zu machen, konnten nicht gelingen.

Wir Deutsche haben ebenfalls den Grundsatz, in unseren Befehlen für ein Gefecht von einem etwaigen Rückzuge nicht zu sprechen. Dies kann aber nicht hindern, daß der Oberbefehlshaber und sein Chef des Generalstabes sich darüber vor dem Gefecht klar werden, wohin man einen etwaigen Rückzug richten soll, und daß also die nöthigen Befehle im passenden Moment abgefertigt werden. Der Gang des Gefechts kann freilich gebieten, hiervon abzuweichen, eine andere Richtung einzuschlagen, aber schaden wird es nie, die Sache vorher durchzudenken. Mac Mahon sagt in seinem Bericht an den Kaiser, er hätte um 4 Uhr den Rückzug befohlen. Schon vor dieser Zeit konnte die Württembergische Brigade auf seiner Rückzugslinie stehen.

Auch ohne diese Brigade war der Rückzug durch die Wegnahme von Reichshoffen äußerst gefährdet, und wäre ein Vorgehen der Deutschen von letzterem Orte aus gegen die Straße Niederbronn—Rothbach verhängnißvoll gewesen.

Zum Schluß seien noch einige Worte über die Gefechtsstatistik erlaubt, mit welcher Kunz sein Buch in sehr dankenswerther Weise ausgestattet hat. Dieselbe hat hier ganz besonderen Werth angesichts der Uebertreibungen, mit denen die Franzosen von den gegenseitigen Stärkeverhältnissen sprechen. Sehr interessant ist die Berechnung von Kunz, nach welcher bis 2½ Uhr Nachmittags nur 49000 Deutsche gegen 45000 Franzosen fochten, und die Schlacht um diese Zeit durch die Eroberung des Niederwaldes schon derart stand, daß der Sieg für die Deutschen nicht mehr zweifelhaft war, wenn auch erst das Eintreffen des I. Bayerischen Korps den Verlust der Schlacht zu einer Niederlage gestaltete, indem dasselbe nun den linken feindlichen Flügel scharf anfaßte und die Verwendung der letzten Kräfte des V. Korps erfolgen konnte.

Aber nicht nur im gegebenen Falle, auch für die Feststellung der allgemeinen Erfahrungen und der daraus abzuleitenden Grundsätze hat eine solche Statistik hohen Werth. Nur wird man sich davor zu hüten haben, aus den Ziffern allein die Schlüsse zu ziehen, ohne sorgfältige Berücksichtigung der anderen Verhältnisse.

Es scheint, als ob dies schon jetzt nicht ganz vermieden worden ist.

So ist der Schluß in dem Aufsatz des Militär-Wochenblattes Nr. 88, daß die eine Französische Division des linken Flügels die Gefechtskraft dreier Deutschen Divisionen absorbirt habe, ehe sie überwältigt wurde, nicht zutreffend.

Es werden auf Seite der Deutschen sechtend angeführt die 4. Bayerische Division, drei Brigaden des I. und II. Bayerischen Korps und eine Preußische Brigade.

Zuerst wird hiergegen bemerkt, daß die Division Ducrot und die Division Raoult sich unterstützten und gemeinschaftlich an den Abhängen und im Walde von Fröschwiller fochten. — Von der Division Ducrot wurden später zwei Regimenter gegen das XI. Korps gerichtet.

Die 5. Bayerische Brigade aber ist gar nicht mit jenen Divisionen ins Gefecht getreten, sondern von Mattstall gleich auf Niederbronn zur Verfolgung vorgegangen. Die Preußische Brigade mindert sich auf zwei Bataillone 59. und das Jägerbataillon 5. Abgesehen also davon, daß die Französischen Streitkräfte auf dem linken Flügel (Besatzung des Holzes von Fröschwiller und Ducrot) mindestens 1½ Division betrugen, und daß die Stärke der Deutschen auf 28 Bataillone, nämlich:

    4. Bayerische Division 12 Bat.
    1.   *   *   13 *
    59. Preußisches Regiment 2 *
   Preußisches Jägerbataillon Nr. 5 1 *
            28 Bat.

kommt, so muß man meines Erachtens hier von einer solchen Gegenüberstellung absehen, wenn eine Deutsche Division nach kaum begonnenem Kampfe den Befehl zum Rückzuge erhält, ohne taktisch durch den Kampf selbst in den mindesten Nachtheil gerathen zu sein. Die besonderen Verhältnisse des Verlaufes sind dem Verfasser wohl bekannt, was er auch im folgenden Satz darlegt, aber um so weniger konnte von einem „Verbrauch der Gefechtskraft" gesprochen werden, denn die 4. Bayerische Division verbrauchte ihre Gefechtskraft nicht im Kampfe, sondern es war der Rückzugsbefehl, welcher sie dem Kampfe entzog.

Die Relation wird beendigt durch Betrachtungen, welche noch ein Mal die Herabsetzungen aller Art wiederholen und zusammenfassen, welche der anonyme Verfasser auf die Deutschen und ihre Kriegführung wirft.

So folgende: Bismarck hat gesagt, die Deutschen Generale hätten die Tapferkeit ihrer Truppen gemißbraucht — in diesem Falle wären die Garde bei Saint Privat, das V. Korps bei Wörth —; die Schlacht bei Wörth ist, was eine Schlacht sein kann, in welcher Alles gegen den Willen des Oberbefehlshabers geschieht. — Die

Angriffe in der Front wurden stets zurückgeschlagen. — Die umfassende Bewegung des XI. Korps ist kein Verdienst, sondern ein Zufall. — Die Deutschen thaten nichts wie in brutalen Frontangriffen mit ungeheurer Uebermacht und furchtbaren Verlusten siegen — es war Niemand unter den Deutschen, welcher den wahren Angriffspunkt bezeichnete. — Die Preußen befanden sich bei Sadowa in einer so furchtbaren Verwirrung, daß ein frisches Oesterreichisches Korps genügt hätte, um sie vom Schlachtfelde hinwegzufegen, worüber alle Welt einig ist,*) — in diesem Tone und in dieser Weise geht es eine ganze Weile fort.

Neben diesen Sätzen findet man dann doch einige Betrachtungen, die, wie wir eingangs bemerkten, theils sehr originell, theils nicht ohne Werth sind.

Die Behauptung von dem Nutzen der vor der Front einer Stellung liegenden Wälder haben wir schon auf ihren wahren Werth zurückgeführt. Dagegen können wir die Meinung, daß die Deutschen Kompagnien für ihre Größe zu wenig Offiziere haben, nicht verwerfen. — Wenn aber die Relation nunmehr, gestützt auf einen Ausspruch Napoleons I., die Kompagnien von 150 Mann für die besten erklärt, so berührt sie damit eine längst bei uns durchgearbeitete, von allen Seiten erwogene und abgeschlossene Frage. — Man erkennt sehr wohl an, daß eine Kompagnie von 250 Mann ein schwerfälliger Körper ist, aber man sagte sich zugleich, daß dieselbe sehr bald stark zusammenschmilzt, und deshalb entschied man sich für unsere Stärke. Nach den Schlachten bei Wörth und Sedan formirte das Grenadierregiment Nr. 6 den Zug zu zehn Rotten und zwar nicht etwa gleich nach der Schlacht, sondern nachdem die Abgekommenen sich eingefunden hatten.

---

*) Durch den fast zirkelförmigen Angriff mußten sich natürlich die Fronten der Armeen zusammenschieben. Die Truppentheile waren in sich, mit geringen Ausnahmen, in musterhafter Ordnung. Das V. Korps, die 6. und 16. Division hatten keinen Schuß gethan.

Einige sehr richtige Worte werden über die Noth=
wendigkeit des Aufmarsches vor dem Eintritt ins Gefecht
gesagt. Es ist um so nothwendiger, dies zu betonen,
denn in der That haben wir vielfach in militärischen
Werken den Beginn des Gefechts aus der Marschkolonne
als typisch für die jetzige Schlacht bezeichnen hören. Dies
wird oft genug vorkommen müssen, ohne Zweifel, der
Grundgedanke aber muß immer der vorhergehende Auf=
marsch bleiben.

Die Relation will eine Stellung vor Allem mit
Rücksicht auf die Artillerie und erst in zweiter Linie
auf die Infanterie ausgesucht sehen. Das würde ein
Schema ergeben, und ein solches verträgt die große Taktik
am wenigsten. Wir möchten aber bemerken, daß in
zahlreichen Fällen die beiderseitigen Artillerien sich in den
nächsten Kriegen paralysiren werden, und damit die
Wichtigkeit des Infanteriefeuers um so mehr hervortreten
wird.

Die Relation macht einen scharfen Unterschied
zwischen „retour offensif" und „sortie". Sie versteht
unter ersterem den Gegenstoß des Vertheidigers, welcher
den Angreifer, falls er an einem Punkt der Stellung
eingebrochen, wieder hinaus wirft; unter „sortie" ein
Vorgehen aus der Stellung heraus, z. B. zur Wieder=
nahme eines Punktes vor derselben. Die ersteren empfiehlt
der Verfasser, sie seien bei Wörth den Franzosen immer(?)
gelungen, die zweiten verwirft er, sie wären, wie der
Angriff der Brigade Maire, stets gescheitert.

Ein Vorgehen aus der Stellung kann nur richtig
sein unter Einsatz von bedeutenden Kräften, was einem
Uebergang zum Angriffsverfahren gleichkommt, — die
„retours offensifs" sollten bei unseren Manövern mehr
zur Geltung kommen, man sieht sie fast niemals, denn der
Schiedsrichter entscheidet fast immer, daß die Stellung
zu räumen sei, sobald der Angreifer in dieselbe ein=
gedrungen, ohne die Wirkung der Reserven des Vertheidigers abzuwarten.

Die Hervorhebung der werthvollen und erörterungs=
fähigen Sätze der Relation kann uns nicht hindern,
unser Eingangsurtheil über dieselbe aufrecht zu erhalten.
Das Buch ist geschrieben, um durch Herabsetzung des
Gegners das Selbstvertrauen der Franzosen in Vor=
bereitung eines Zukunftskrieges herzustellen.
Die neueste Kritik hat häufig die Besorgniß geäußert,
daß die „improvisirten" Schlachten, wie sie Spicheren,
Wörth und Borny insbesondere darstellen, als Typus
der Angriffsschlacht in Zukunft betrachtet werden würden.
Diese Besorgniß ist im Allgemeinen nicht gegründet.
Man weiß zu unterscheiden und erkennt wohl die
großen Gefahren, welche diese Gattung von Schlachten
mit sich bringt. Dieselben sind ja auch im General=
stabswerk auseinandergesetzt. Man weiß, daß die ge=
plante Angriffsschlacht, in welcher die Einheitlichkeit der
Oberführung möglichst zum Ausdruck kommt, das zu
erstrebende Ziel ist. — Dennoch ist es verdienstlich,
wenn dies abermals beleuchtet wird, nur mag dabei die
ungeheure Mannigfaltigkeit des Krieges der Kritik stets
in Erinnerung bleiben.

Es werden andere Uebelstände beim Kriegsausbruch
zu überwinden sein. Eine aus einem längeren Frieden
in einen Krieg rückende Armee hat den Gedanken, sich
vor allen Dingen zu erproben, ihren Muth darzuthun.
Das ist die wahre Gefahr, welche zu unüberlegten
Handlungen treiben und die Absichten der oberen
Führung so oft durchkreuzen kann. Es gehört vor den
Augen der Kameraden manchmal mehr Muth dazu, seine
Truppen zurückzuhalten als sie vorzuführen. Eine
kriegserfahrene Armee kennt diese Klippe nicht. Sie ist
eben bewährt.

Eine andere Gefahr entsteht, wenn im Frieden der
Gedanke der Einheitlichkeit der Kriegshandlung durch
die Pflege einer mißverstandenen Selbständigkeit in den
Hintergrund tritt. Freilich — es ist schwer, hier die
richtige Grenze zu treffen. Es ist wie beim Reiten; nicht
zu lose, nicht zu fest!

Wenn unser großer Kaiser einmal sagte, er wünsche die selbständige Handlungsweise, welche seine Armee auszeichnete, erhalten zu sehen, so war er weit davon entfernt, Wort und Begriff des Befehls abschwächen zu wollen. Geht man aber so weit, jeder ins Gefecht tretenden Unterabtheilung volle Selbständigkeit lassen zu wollen, so wird man bald sehen, welche Schwerfälligkeit in die Leitung hineinkommen wird.

Gerade die Hochhaltung des Befehls wird uns darauf hinleiten, auch in der Gefahr zu denken, ruhig zu überlegen und, falls wir in der Lage wären, von einem Befehl abzuweichen, es so zu machen wie Kirchbach bei Wörth.

Verlag von E. S. Mittler & Sohn,
Königl. Hofbuchhandlung, Berlin SW., Kochstr. 68—70.

Von demselben Verfasser sind ferner erschienen:

Die Entwickelung der Taktik von 1793 bis zur Gegenwart. Erster Theil. Zweite durchgesehene Auflage. Mit einem Plane. 1873. Mk. 4,—.

Ausbildung und Besichtigung oder Rekrutentrupp und Kompagnie. Zweite nach den neuesten Veränderungen umgearbeitete Auflage, vermehrt durch einen Anhang über die Ausbildung der Ersatzreserven. 1882. Mk. 1,80.

Die Anlage, Leitung und Durchführung von Feldmanövern. Mit 15 Skizzen und einer Figurentafel. 1883. Mk. 4,50.

Unterweisung für das Verhalten des Infanteristen im Gefecht. Siebente Auflage. 1892.
(Im Druck.)

Taktische Darlegungen aus der Zeit von 1859 bis 1892 mit besonderer Beziehung auf die Infanterie. Zweite Auflage. 1892. Mk. 1,—.

Der Zug der Engländer gegen Kopenhagen im Frühjahr 1801. Ein Wort zur Anregung über die Bedeutung der Flotte. Mit einer Skizze. 1890.
Mk. 1,—.

Neuester Verlag von E. S. Mittler & Sohn,
Königl. Hofbuchhandlung, Berlin SW., Kochstr. 68—70.

Kriegsgeschichtliche Einzelschriften. Herausgegeben vom Großen Generalstabe, Abtheilung für Kriegsgeschichte. Heft XIV: Der Rechtsabmarsch der I. Armee unter General v. Goeben auf St. Quentin im Januar 1871. (Mit einer Uebersichtskarte und einem Plan.) — Die Verfolgung der Französischen Loire-Armee nach der Schlacht bei Le Mans durch das Detachement des Generals v. Schmidt. — 13. bis 17. Januar 1871. (Mit einer Uebersichtskarte und einem Plan.) Mk. 2,25.

Keim (Major), Die Schlacht von Wörth. Eine taktische Studie. (Sonderabdruck aus dem Militär-Wochenblatt 1891.) Mk. —,75.

Kunz (Major a. D.), Einzeldarstellungen von Schlachten aus dem Kriege Deutschlands gegen die französische Republik vom September 1870 bis Februar 1871:
Erstes Heft: Der große Durchbruchsversuch der zweiten Pariser Armee in den Tagen vom 29. November bis 3. Dezember 1870. Mit einer Karte und zwei Skizzen. Mk. 3,—.
Zweites Heft: Die Kämpfe der Preußischen Garden um Le Bourget während der Belagerung von Paris 1870/71. Mit einem Plan. Mk. 2,25.

Leitfaden für den Unterricht in der Befestigungslehre und im Festungskrieg von den Königlichen Kriegsschulen auf Veranlassung der General-Inspektion des Militär-Erziehungs- und Bildungswesens ausgearbeitet. Siebente Auflage. Mit Abbildungen im Text und einer Steindrucktafel. Mk. 6,—.

Stadelmann (Lieutenant), Die neuen Verkehrsmittel im Kriege. Heft I: Das Zweirad bei den verschiedenen Militärstaaten Europas und seine praktische Verwendung im Kriegsfalle nebst einem Anhang: Leitfaden zur praktischen Unterweisung militärischer Radfahrer. Mit 14 Abbildungen. Mk. 1,25. (Heft II. wird enthalten: Luftschifffahrt; Heft III: Brieftauben.)

v. Verdy du Vernois (General d. Inf.), Studien über den Krieg. Auf Grundlage des deutsch-französischen Krieges 1870/71. Erster Theil: Ereignisse in den Grenzbezirken. (Vom 15. Juli bis 2. August 1870.) 1. Heft. Nebst einer Anlage (Ordre de bataille der französischen Armee), einer Skizze (Nr. 1) und einer Karte (Nr. 1). Mk. 2,60.
(Heft 2 befindet sich im Druck.)